JEAN-DENIS-MARIE COCHIN

ET

LES SALLES D'ASILE.

Un volume in-18

ORNÉ DU PORTRAIT DE M. COCHIN,

fondateur des Salles d'Asile.

IMPRIMÉ CHEZ PAUL RENOUARD,
rue Garancière, n. 5.

ABBÉ DE LA SALLE.

L'ABBÉ

DE LA SALLE

ET

L'INSTITUT DES FRÈRES

DES ÉCOLES CHRÉTIENNES

Depuis 1651 jusqu'en 1842,

PAR UN PROFESSEUR DE L'UNIVERSITÉ,

Membre d'un des comités
locaux d'arrondissement de la ville de Paris.

A PARIS,

CHEZ H. LEBRUN, LIBRAIRE,

RUE DES PETITS-AUGUSTINS, N. 6.

1842.

DE LA SALLE (Jean-Baptiste) naquit
à Reims, le 30 avril 1651, dans le sein
d'une famille où la science et la vertu
étaient héréditaires. Son père était con-
seiller au présidial de cette ville. Dès son
enfance, le jeune De La Salle annonça
les goûts les plus sérieux : il ne se plai-
sait qu'à l'église, il fuyait les plaisirs de

son âge, et annonça ainsi sa puissante vocation pour l'état ecclésiastique. Ce ne fut pas sans quelque difficulté qu'il obtint le consentement de ses parens, qui songeaient à faire de lui un magistrat. Très jeune encore il reçut la tonsure; et telle fut sa joie en prenant l'habit clérical, qu'il s'écria : « Seigneur, vous serez mon unique héritage ! » A dix-sept ans, il fut pourvu d'un canonicat (17 janvier 1666) près de l'église de Reims; et cependant, en remplissant avec assiduité les devoirs du chapitre, il achevait ses études à l'université de cette ville. Mais ses parens, frappés de l'éclat des écoles de Paris, se déterminèrent à l'y envoyer faire sa théologie. Il entra donc au séminaire de Saint-Sulpice, qui recevait alors un si grand

éclat de la direction de l'illustre abbé
Tronson, une des lumières de l'église de
France, dans ce siècle si glorieux pour
la religion. La docilité du jeune De La
Salle envers ses supérieurs, sa douceur
avec ses condiciples, sa modestie pous-
sée jusqu'à l'humilité, le firent chérir
et respecter de tout le monde. Non moins
avide de s'instruire que fervent pour
ses devoirs de piété, il acquit une pro-
fonde connaissance de l'Écriture sainte,
des Pères et de l'histoire de l'église.

Jusqu'alors sa vie avait été aussi heureuse qu'innocente. Le premier chagrin
qui vint le frapper fut la mort de sa mère,
décédée le 20 juillet 1671. Neuf mois
après, la mort de son père éprouva de
nouveau son cœur. Ses frères et ses

sœurs, devenus orphelins. avaient besoin de quelqu'un qui veillât à leur éducation et à leurs intérêts; ce soin regardait naturellement M. De La Salle qui était l'aîné. Il fut obligé de renoncer à poursuivre ses études à Paris, revint à Reims, se remit au fait des affaires domestiques et pourvut à tout par sa prudence.

Si sa vocation eût été moins sincère, c'était bien l'occasion de rentrer dans la vie séculière; il était jeune, doué de tous les avantages extérieurs, possesseur d'un bien considérable, et entièrement libre : car rien n'eût été plus facile que de rompre le faible et premier lien qui le vouait au sacerdoce. Après avoir mûrement réfléchi et pris les conseils d'un sage directeur, il ne voulut plus différer de se lier irrévocablement à l'église en prenant les ordres. Il alla à Cambrai, et y reçut les quatre moindres et le sous-diaconat, à la Pentecôte de l'an 1672. Il prit les degrés de docteur à l'université de Reims, et alla recevoir le diaconat à Paris, en l'année 1676. Son humilité lui avait fait prolonger de beaucoup les interstices prescrits par l'église. En même temps qu'il souhaitait d'être investi du saint ministère, il en redoutait la dignité; enfin, ce ne fut qu'à vingt-sept ans qu'il reçut la prêtrise dans l'église métropolitaine de Reims, des mains de M. Le Tellier, son archevêque (1678). Peu de temps après, il voulut permuter son canonicat pour la cure de Saint-Pierre de Reims. Le curé de cette paroisse, étonné autant que charmé d'une offre aussi avantageuse, accepta l'échange sans hésiter.

Dans quelle vue l'abbé De La Salle sacrifiait-il ainsi le loisir de la vie canonicale, et se privait-il du temps nécessaire pour continuer à gérer les affaires de la maison paternelle? Par pure docilité pour son directeur le théologal Rolland, qui dans son zèle pour les indigens, et toujours occupé de bonnes œuvres, avait entrepris de procurer une éducation chrétienne et gratuite aux jeunes filles que leurs parens négligeaient d'instruire des devoirs de la religion. Pour cette fin si louable, M. Rolland avait formé la communauté des *Sœurs de l'enfant Jésus*, à Reims. Elle se distribuait dans les différens quartiers de la ville, et donnait des leçons de piété aux filles du peuple. Le chanoine Rolland se flattait que si l'abbé De La Salle devenait curé d'une paroisse, ce pieux et zélé confrère le seconderait dans la propagation de son œuvre. Mais il fallait le consentement de l'archevêque qui se trouvait alors à Paris. Les parens et les amis de l'abbé De La Salle, alarmés d'un projet qui allait le détourner des soins de sa famille, avaient déjà prévenu le prélat; et lorsqu'en exposant sa demande il dit à son supérieur que le curé consentait à prendre son canonicat. « Et moi, répondit M. Le Tellier, je ne consens pas à ce que vous preniez sa cure. » Cette parole termina tout; la docilité du saint prêtre l'empêcha de faire la moindre objection.

Nous insistons sur ces détails, parce

que, s'il eût été permis à l'abbé De La Salle d'exécuter le projet suggéré par son directeur, les frères des écoles chrétiennes n'eussent probablement pas été établis; celui que la providence destinait à être un jour leur instituteur, étant chargé d'une cure, n'aurait pu songer à devenir le fondateur de cette pieuse et populaire institution.

Le chanoine Rolland songea alors à profiter d'une autre manière de la docilité et du dévoûment de celui dont il dirigeait toutes les actions. Se sentant près de descendre dans la tombe, il le pria de le remplacer auprès de la communauté des *Filles de l'Enfant Jésus*. Cet établissement n'était encore ni autorisé par la ville, ni approuvé par l'archevêque, ni constitué par lettres-patentes du roi. Dès que M. Rolland eut fermé les yeux, l'abbé De La Salle réussit par ses représentations à vaincre l'opposition des magistrats de Reims, qui voulaient dissoudre cette communauté. Ensuite, non-seulement il obtint l'autorisation de M. Le Tellier, mais ce prélat tout puissant, car il était frère du ministre Louvois, goûta si bien l'esprit et le but de l'institution, qu'il ne tarda pas à obtenir les lettres-patentes, qui furent sur-le-champ enregistrées par le parlement; de sorte qu'il ne manqua plus rien à la communauté des *Filles de l'Enfant Jésus* pour être désormais stable et permanente.

La satisfaction qu'un tel succès causa à l'abbé De La Salle fut bien tempérée par les contradictions qu'il commença à essuyer de toutes parts. On glosait sur la vie austère et retirée qu'il faisait mener à ses frères et dont lui-même donnait l'exemple; en effet, il n'y avait pas de séminaire plus rigoureux que sa maison : tout s'y faisait à des heures fixes; la frugalité présidait au repas; le silence, l'étude et la prière régnaient seuls dans la famille. Informé des propos que l'on tenait, il ne changea rien à sa manière de vivre, sinon qu'il la rendit encore plus austère. « Il croyait s'être réduit au simple nécessaire, dit un biographe : à force de s'examiner, il crut apercevoir encore du superflu; il réforma ses habits, il les rendit plus vils aux yeux du monde qui ne cherche que la vanité; il fit de plus grandes largesses aux pauvres, il visita plus souvent les misérables. Il ne se contenta pas de leur donner des instructions salutaires qui leur apprenaient à faire un bon usage de leurs maux. Il leur rendit outre cela les services les plus bas et les plus dégoûtans. » Sa complexion le portait au sommeil; il n'y eut point d'efforts qu'il ne fît pour le vaincre. Son valet eut ordre de le réveiller tous les jours à quatre heures du matin et de ne pas le quitter qu'il ne l'eût vu levé et habillé. Alors le maître se mettait en oraison, et comme il lui arivait quelquefois de céder au sommeil au milieu de la prière, M. De La Salle ne vit pas d'autre moyen que la douleur pour triompher de l'assoupissement : il se

mettait à genoux sur des cailloux poin-
tus.

De telles austérités étaient alors aussi ordinaires chez les personnes pieuses, qu'elles sont peu en usage aujourd'hui. C'est
par là que ce saint fondateur préludait
aux mortifications étranges qu'il devait
pratiquer dans la suite, lorsqu'il fut à la
tête des Frères des écoles chrétiennes.

Un respectable religieux, le père Barré,
minime, avait établi des *Filles de la Providence* pour l'instruction des petites filles nées de parens pauvres. Il avait aussi
formé le plan d'un établissement de maîtres d'écoles gratuites pour les garçons de
familles indigentes. Ce second projet avait
rencontré des difficultés telles, que le Père
Barré y avait pour ainsi dire renoncé. La

gloire de l'exécuter était réservée à l'abbé De La Salle.

Ici commence pour lui une suite d'obstacles, de contradictions et même de persécutions, qui prouvent à quel point il est souvent difficile de faire du bien aux hommes.

Une riche et pieuse dame de Rouen, qui, pour prodiguer tous ses revenus aux indigens, s'était condamnée aux privations de la pauvreté la plus sordide, madame de Maillefer, d'après le plan du R. P. Barré, avait fondé une école gratuite de jeunes filles, à Darnetal, bourg manufacturier près de Rouen; ensuite elle avait, de concert avec le chanoine Rolland, propagé cette salutaire institution à Reims. Elle avait procuré une digne supérieure à la maison de *l'Enfant Jé-sus*. Quelque traversé qu'eût été ce premier établissement, madame de Maillefer résolut d'établir aussi à Reims une école de garçons. Elle fut néanmoins assez heureuse pour trouver dans un honnête homme, nommé Adrien Niel, natif de Laon, un agent assez zélé, actif et intelligent, pour la seconder dans ce nouveau projet. Il commença par se mettre en rapport avec l'abbé De La Salle, qui lui offrit d'abord sa maison : « Venez loger chez moi, dit le chanoine; on sait dans la ville que mon logis est comme l'hospice ordinaire des ecclésiastiques de la campagne; vous leur ressemblez assez par votre habillement, on ne sera pas étonné de vous y voir, et personne ne s'avisera de vouloir pénétrer vos desseins, dont on n'aura aucun soupçon. »

Avec le concours de M. Niel, une première école fut aussitôt fondée dans la paroisse de Saint-Maurice, à Reims (1679); puis, quelques mois après, dans celle de Saint-Jacques. Des personnes pieuses fournissent les fonds nécessaires et secondent les libéralités de l'abbé De La Salle, qui pourvut à tous les besoins des maîtres d'école. Bientôt même il les admit dans sa maison. Ce fut contre lui dans toute la ville un déchaînement général. C'était, disait-on, un insensé à qui il fallait ôter la disposition de ses biens; on plaignait ses jeunes frères d'être condamnés à vivre avec de grossiers maîtres d'école. Les parens s'assemblèrent, et d'un accord

unanime retirèrent de la maison de l'abbé
De La Salle ses deux plus jeunes frères.
L'aîné des trois ne voulut pas consentir
à cette séparation.

A quelque temps de là, le pieux chanoine, par des motifs que ses biographes
nous laissent ignorer, loua une maison
voisine et s'y retira avec sa nouvelle famille. Cette maison, qu'il acheta dans la
suite, a été le berceau de son institution.
Dès qu'il y fut établi, il régla toutes choses sur le pied des communautés régu-
lières. Sa qualité de prêtre et de bien-
faiteur lui donna les droits de pasteur
sur le petit troupeau qu'il avait réuni;
l'affection des maîtres, leur attachement
à sa personne le constituait leur supérieur. Il refusa d'abord par humilité

d'être le directeur de leur conscience; il leur indiqua le curé de la paroisse, mais cet ecclésiastique, tout entier à ses paroissiens, avait peu le loisir de diriger des hommes vivant en communauté religieuse; l'abbé De La Salle consentit enfin à être le dépositaire de leur conscience; et depuis cette époque il fut jusqu'à sa mort le seul auquel ses disciples s'adressèrent pour leurs besoins spirituels.

Cependant plusieurs maîtres l'abandonnèrent; le joug qu'ils s'étaient imposé leur paraissait trop pesant. Cette désertion aurait jeté l'abbé De La Salle dans le plus grand embarras, si d'autres disciples ne s'étaient présentés pour réparer les pertes de l'institution naissante.

Déjà M. Niel avait fondé une école

gratuite à Guise, puis à Laon sa patrie. Le duc de Mazarin sollicita l'abbé De La Salle pour en ouvrir une à Rethel. Tout allait au mieux, lorsque M. Niel, aussi inconstant qu'il était actif et zélé, ne put se résoudre à rester plus long-temps à Laon ; il déclara nettement à l'abbé De La Salle qu'ayant rempli en Champagne l'objet de sa mission, qui était d'y établir des écoles gratuites de garçons, il voulait aller à Rouen pour en fonder d'autres; qu'il fallait absolument que, pour les établissemens de Champagne, l'abbé De La Salle prît en sa place la direction des écoles, et qu'il s'attachât à perfectionner ce qui était si heureusement commencé.

Cette détermination changea entièrement toutes les vues de celui-ci. Après bien des réflexions, sans se proposer encore de devenir fondateur d'ordre, il se détermina à ajouter les soins fatigans de la conduite des écoles aux peines incroyables qu'il prenait à former des maîtres. Ceux qui remplissaient de nouveau la maison du saint chanoine montraient, il est vrai, quelque envie de bien faire, mais ce ne fut qu'à force d'exhortations et d'instructions touchantes qu'ils arrivèrent à porter volontiers le joug d'une vie régulière et mortifiée. Des inquiétudes sur l'avenir agitaient sans cesse ces hommes encore faibles et chancelans dans la voie d'une vie spirituelle. « A quoi nous conduira, se disaient-ils entre eux, l'existence pénible que nous menons? Ne ferions-nous pas mieux d'apprendre des métiers qui assureraient notre subsistance? Que deviendrons-nous si notre père (ils nommaient ainsi le bon chanoine) nous abandonne, ou si la mort nous l'enlève? Tant qu'il sera avec nous, nous ne manquerons pas du nécessaire; mais si nous venons à le perdre, la mendicité sera notre partage. » L'abbé De La Salle leur répondait par les plus vives exhortations à ce qu'ils s'abandonnassent à la miséricorde de Dieu. Ses touchans discours, loin de faire impression sur eux, les aigrissaient au contraire. « Avec un riche patrimoine et un bon canonicat, il lui est bien facile, disaient-ils, de nous prêcher un abandon total, de nous exhorter à bannir toute inquiétude sur l'avenir; avec les revenus dont il jouit, il sera toujours dans l'abondance. Si nous étions riches comme lui, nous serions aussi élo- quens!.... »

Au lieu de s'irriter de ce discours, que fit le bon abbé De La Salle? Il n'y vit que la convenance et la nécessité de se rendre aussi pauvre que ses disciples, pour leur rendre la confiance en Dieu et en lui- même; puis, après avoir mûrement ré- fléchi, après avoir consulté le P. Barré et les ecclésiastiques les plus sages non- seulement du diocèse de Reims, mais même de Paris, où il fit un voyage tout exprès, il résigna d'abord son canonicat en faveur d'un prêtre inconnu; il pouvait faire cette renonciation en faveur de son frère puîné, qui était un digne prêtre; M. Le Tellier, son archevêque l'y exhortait : il ne le voulut point afin qu'il n'y eût rien d'humain dans ce sacrifice. Bien des gens taxèrent sa conduite d'extravagance et de dureté; il fut inébranlable. Seulement l'archevêque, touché de l'espèce d'injustice faite au frère du démissionnaire, lui donna, quelque temps après, un autre canonicat.

Bientôt après, non sans avoir pris les mêmes conseils et triomphé des mêmes contradictions, l'abbé De La Salle se dépouilla de tous ses biens en faveur des pauvres, sans rien réserver pour lui-même ni pour ses disciples. Ceux-ci en murmurèrent; et l'homme de Dieu, qui venait d'acheter si chèrement le droit de leur imposer la pauvreté et la mortification, n'eut pas de peine à les faire rentrer

en eux-mêmes. Il leur prouva saintement que rien n'était plus doux et plus
désirable que d'être devenus tout-à-fait
les enfans de la Providence.

Dès ce moment il se livra tout entier à
la formation de son institut, et redoubla
d'austérités, jusqu'à manger en commun
avec ses disciples non plus les mets les
plus simples, mais les alimens les plus
vils et les plus rebutans. Résolu de tracer
les règles de son institut, il appela douze
de ses principaux associés à concourir
avec lui à cette œuvre importante. Il fut
décidé d'abord qu'ils prendraient le nom
de *Frères des Ecoles Chrétiennes*. Ils
proposaient de faire des vœux perpétuels
de pauvreté, de chasteté et d'obéissance :
l'abbé De La Salle fut assez sage pour

borner ces vœux à trois ans; il voulait éprouver ses disciples avant de les lier pour toute leur vie. La formule ainsi dressée fut prononcée après lui par chacun des douze disciples, le jour de la Trinité; et l'usage de renouveler chaque année cet acte le même jour dura jusqu'en 1694. L'événement prouva combien il avait eu raison de s'opposer à ce que les frères s'engageassent d'abord par des vœux perpétuels. Lorsque l'année suivante il convoqua les douze pour renouveler leurs engagemens, huit seulement se trouvèrent à cette cérémonie : les quatre autres ne vinrent pas, et bientôt après ils quittèrent tout-à-fait leur saint instituteur.

Il songea ensuite au moyen de fixer le reste des frères. Chacun des douze proposa son sentiment. La plupart étaient encore d'avis que les vœux fussent perpétuels. L'abbé De La Salle, toujours prudent, fit adopter pour un an le vœu d'obéissance seulement, sauf à le renouveler chaque année. C'était à-la-fois se donner les moyens d'éprouver des jeunes gens peu accoutumés encore à un genre de vie si austère, et en même temps d'éconduire à la fin de l'année ceux dont on n'aurait pas lieu d'être content, en ne les admettant point à renouveler leur vœu.

Quant à l'habillement des frères, l'abbé De La Salle, pour les séparer entièrement du monde, ne craignit pas de leur donner un costume qui les rendit d'abord l'objet de la risée publique. Il est tel au surplus que les frères le portent encore aujourd'hui. Dès qu'ils parurent dans les rues de Reims, la population s'ameuta autour d'eux; on alla jusqu'à leur jeter de la boue au visage, sans que les magistrats pussent arrêter ce désordre; peut-être même y applaudissaient-ils en secret. Ils ne pouvaient pardonner à l'abbé De La Salle la résistance invincible qu'il avait opposée aux représentations de personnes pieuses et considérables, au sujet de cet habit. Quelque chose qu'on lui dit, il tint ferme, et l'expérience d'un siècle et demi a prouvé tout l'avantage, sous le rapport moral et religieux, de ce costume, défavorable jusqu'à en être repoussant, mais qui par cela même établit entre les frères et les séductions du monde un rempart inexpugnable.

Au surplus, lui-même prit ce costume, et il fut d'autant moins épargné par la populace, qu'alors même trois jeunes frères venaient de succomber aux austérités de la règle du nouvel institut. C'était à qui l'accablerait d'injures ; on lui crachait au visage, on le couvrait de boue : pendant plus d'un mois il essuya cette épreuve terrible ; et l'humble disciple d'un Dieu outragé par les hommes montrait une patience inaltérable, il ne s'en pressait pas davantage pour se rendre de son logis à l'école, où il faisait lui-même les fonctions de maître, depuis que la mort des trois frères avait laissé dans ses classes un vide qu'il ne fut pas possible de combler sur-le-champ par de nouveaux maîtres.

Mais les contrariétés dont il était accablé ne venaient pas seulement du public : les frères eux-mêmes commettaient souvent des fautes dont la responsabilité retombait sur lui. Les uns, qui se chargeaient d'apprendre à lire et écrire, manquaient de l'habileté suffisante pour cet humble, mais difficile enseignement. Il leur arrivait de reprendre les enfans mal-à-propos; et ceux-ci, s'apercevant de l'ignorance de leurs maîtres, perdaient le respect. De là du désordre dans la classe; et les maîtres, pour établir la tranquillité, perdaient de vue la modération et infligeaient de rudes châtimens. Ensuite, plainte des enfans aux parens,

qui allaient assiéger la maison des frères, en vomissant contre eux des impré-
cations. « Ces sortes de scènes n'étaient
pas rares, dit un judicieux écrivain; il
est très louable de recevoir patiemment
les opprobres, mais il ne faut pas se les
attirer par sa faute. »

L'abbé De La Salle, persuadé de cette
maxime, faisait tout ce qu'il pouvait
pour remédier au mal; mais il ne lui
était pas possible de donner tout d'un
coup aux frères les talens qui leur
manquaient. Ce ne fut qu'au bout de
quelques années que les choses chan-
gèrent pour prendre une forme tout-
à-fait régulière. Toujours est-il que dès
l'abord, afin d'arrêter autant que possible les plaintes, il exhorta ses disciples

à s'observer davantage eux-mêmes et à s'attacher à gagner les enfans par la douceur. Il redoubla de soins pour perfectionner ces maîtres inexpérimentés dans la lecture et l'écriture ; sa charité le rendait infatigable et lui fit dévorer tous les dégoûts de cette pénible occupation.

Au milieu de ces soins multipliés, le saint fondateur se voyait dérangé sans cesse par les visites d'amis pieux et considérables qu'il avait conservés dans le monde, et qui venaient s'édifier dans ses entretiens. Il ne lui restait plus de temps pour la méditation, pour ces longs entretiens avec Dieu dans lesquels il renouvelait ses forces et retrouvait la puissance de résister à tant de combats et de contrariétés. Pour éviter les visites, il avait recours à d'innocens artifices; il se cachait dans les endroits les plus retirés de la maison; enfin, il prit le parti de s'ensevelir pour quelque temps dans une solitude ignorée de tous les frères, excepté de celui qu'il chargea en son absence du soin de la communauté.

Cette absence prolongée inquiétait ses disciples, et allait avoir de grands inconvéniens, quand la mort d'un des deux frères qui dirigeaient l'école de Laon l'obligea de se montrer. Son retour avait déjà produit les plus heureux effets, lorsque, par un excès d'humilité, il conçut le dessein de se démettre de la dignité de supérieur. Ce ne fut pas sans peine qu'il amena les frères à recevoir sa démission et à élire à sa place le frère L'Heureux, homme sage, plein d'humilité et de vertu, et qui prit la supériorité avec autant de peine que l'abbé De La Salle avait de plaisir à s'en démettre.

Il donnait à tous l'exemple de l'obéissance et de la soumission, lorsque les supérieurs ecclésiastiques, voyant un renversement de l'ordre dans cette subordination d'un prêtre et d'un docteur à un simple frère, obligèrent l'abbé De La Salle à reprendre la première place. Toujours conduit par l'esprit d'obéissance, il se soumit sans murmurer et reprit le soin de la maison. Mais il n'avait pas renoncé pour cela à la pensée de *devenir inférieur une seconde fois.* Dans cette vue, il fit étudier le frère L'Heureux, pour le mettre en état d'être ordonné prêtre. Déjà ce vertueux disciple avait fait de rapides progrès, et son ordination était prochaine, lorsque la mort vint l'enlever aux espérances de son maître.

Consterné d'abord de ce coup si sensible, l'abbé De La Salle revint bientôt à sa première tranquillité ; il adora humblement la volonté de Dieu, et crut voir dans la mort prématurée de son disciple chéri que l'intention du ciel n'était pas que les frères fussent élevés au sacerdoce. Il fit donc une loi expresse par laquelle il leur fermait à jamais l'accès au saint ministère.

Bientôt une nouvelle tempête s'éleva contre lui. Les enfans qui fréquentaient les écoles des frères étaient très indociles et fort dissipés à la messe, malgré la vigilance des maîtres. On en fit des plaintes à l'abbé De La Salle, qui commanda aux frères de sévir sérieusement, mais toujours avec prudence et modération. Ceux-ci obéirent et firent quelques exemples. De là une nouvelle émeute de la part des parens. Dès que les frères paraissaient dans les rues, les artisans sortaient de leurs boutiques et les injuriaient ; les femmes surtout, semblables à des furies, ne gardaient aucune mesure et les couvraient de boue ; et cependant les magistrats de Reims restaient spectateurs impassibles de tels excès. Cet orage fut de longue durée, et si sa violence se ralentit enfin, elle ne cessa pas entièrement pendant tout le temps que le pieux instituteur demeura encore à Reims, c'est-à-dire jusqu'au moment où il alla trouver à Paris de nouvelles contradictions.

Avant son départ, qui n'eut lieu qu'en l'année 1688, il établit à la demande de plusieurs curés des environs de Reims, un séminaire de maîtres pour la campagne. Placés dans une partie de sa maison séparée du logement des frères, mais sous la surveillance de l'un d'entre eux, ils furent astreints à un réglement de vie particulier; ils apprenaient à lire, à écrire, et le plain-chant. Quant à leur entretien et à leur nourriture, des personnes pieuses y pourvurent. La suite fit voir l'utilité de cette espèce de séminaire. Ceux qui en sortirent, de retour dans leurs villages, rendirent à leurs compatriots les mêmes services qu'on aurait pu attendre des véritables enfans du pieux fondateur.

Vers le même temps, toujours sur les fonds que lui fournissait la charité des bonnes âmes, il forma un nouveau séminaire de jeunes gens destinés à entrer chez les frères. Plusieurs en prirent l'habit après avoir achevé les études nécessaires, et devinrent d'excellens sujets.

Appelé par le curé de Saint-Sulpice, M. De La Barmondière, l'abbé De La Salle s'empressa de se rendre à ce vœu ; il était persuadé qu'en s'établissant dans la capitale, son Institut prospérerait et serait plus à portée de répandre ses bienfaits sur toute la France. Il arriva donc à Paris, accompagné de deux frères, le 24 février 1688. Le curé de Saint-Sulpice les reçut comme des envoyés du ciel; il les logea dans la maison des écoles et fournit à tous leurs besoins. Mais quelle fut leur surprise, en entrant dans la classe, de voir que tout y était en désordre! C'était un tumulte affreux; il n'y avait pas même de règles pour l'entrée ni pour la sortie. Une manufacture était établie dans les classes; on y travaillait à des ouvrages de laine, sans interrompre les autres exercices, ce qui occasionnait bien des distractions.

L'abbé De La Salle et ses deux collaborateurs parvinrent à faire prédominer la règle au milieu de ce désordre. Les enfans furent divisés en trois classes; il y eut un temps fixé pour entrer et pour sortir, une heure déterminée pour cha- que exercice. On assujettit les enfans à être silencieux, attentifs. L'abbé De La Salle établit à Paris, de même qu'à Reims, la coutume de les faire conduire tous les jours à la messe. Ce fut un spectacle tou- chant de voir passer chaque jour, à une certaine heure, une multitude d'enfans marchant deux à deux, en silence, pour se rendre à l'église. L'explication de la doctrine chrétienne, objet principal que se proposait le saint instituteur, eut son temps réglé, le matin et le soir. C'était surtout par ces sortes d'intructions qu'il

voulait que ses écoles fussent distinguées des écoles ordinaires. Il regardait
ce point comme l'essence de son Institut.
Enfin, la juste distribution qu'il fit de
tous les momens destinés à la classe
n'empêcha pas qu'il n'y eût un temps
marqué pour le travail des mains.

Ces heureux résultats charmèrent le
respectable curé de Saint-Sulpice ; il ne
tarissait point sur l'éloge de l'abbé De La
Salle. L'ancien directeur des écoles en
conçut une vive jalousie, et il n'est point
de tracasserie qu'il ne suscitât à son pieux
auxiliaire ; mais celui-ci triompha de ses
calomnies à force de douceur, de patience
et de vertu. Le curé, prévenu contre le
saint prêtre de Reims, songea un instant
à le congédier ; mais il fut bientôt dé-

trompé, et le directeur des écoles fut obligé de céder la place à l'abbé De La Salle.

Devenu tout-à-fait maître des écoles, l'abbé De La Salle profita de la paix dont il commençait à jouir pour perfectionner la discipline de ses classes. Le succès couronna son œuvre; lui-même fut étonné des progrès des enfans. Leur piété devint plus solide; leur conduite hors de l'école plus sage et plus chrétienne. Les parens faisaient publiquement l'éloge des frères. Bientôt l'abbé Baudran, qui avait succédé à M. De La Barmondière dans la cure de Saint-Sulpice, voulut qu'une seconde école s'élevât dans sa paroisse. Il demanda des frères à l'abbé De La Salle, et cette école s'ouvrit au commencement de l'année 1690, à l'extrémité de la rue du Bac, près du pont Royal.

La haine de l'ancien directeur des écoles ne s'endormait pas; il souleva les maîtres d'école de Paris contre les écoles chrétiennes et gratuites. Il leur fit envisager le préjudice qu'un tel établissement allait leur causer. Les maîtres, persuadés qu'effectivement ils ne tarderaient pas à ne plus avoir d'écoliers, et ne voulant pas considérer que les écoles de l'abbé De La Salle n'étaient que pour les enfans dont les parens étaient hors d'état de subvenir aux frais de leur éducation, intentèrent un procès contre l'instituteur des Écoles chrétiennes et gratuites, par devant le grand chantre de l'église de Paris. Celui-ci porta une sentence qui proscrivait ces écoles comme contraires aux privilèges des maîtres d'école. Quelque horreur qu'eût l'abbé De La Salle pour les procès, il surmonta son aversion naturelle, car il s'agissait de l'intérêt des pauvres : c'était pour eux qu'il avait déjà fait tant de sacrifices, essuyé tant de contradictions; c'était pour eux qu'il avait institué une congrégation dont jusqu'alors le ciel avait béni les travaux : il résolut donc de la défendre contre ses agresseurs. Après avoir fait avec les frères un pélerinage à une chapelle dédiée à Marie sous le nom de *Notre-Dame-des-Vertus* (1), il se

______

(1) Cette chapelle a donné naissance au village de Notre-Dame-des-Vertus, dans la plaine de Saint-Denis, du

présenta le lendemain devant le tribunal du grand chantre. Il parla avec tant de force et d'onction, qu'il fit changer l'arrêt qu'on avait prononcé contre lui. Les maîtres de Paris perdirent à leur tour, et le père des pauvres fut maintenu dans ses fonctions de charité.

Bientôt le curé de Saint-Sulpice voulut l'obliger à changer l'habit des frères, de manière à ce qu'il ne différât pas, du moins par la forme, de celui des ecclésiastiques. L'abbé De La Salle résista comme il l'avait fait à Reims. Ce n'était pas sans y avoir bien pensé qu'il avait fixé la forme et la qualité de cet habit. Au surplus, il prit l'avis de l'abbé Tron-

vivant de l'abbé De La Salle il était à deux lieues de Paris, aujourd'hui il en est à peine à trois petits quarts de lieue.

son, et cet illustre supérieur des séminaires de Saint-Sulpice approuva sa fermeté. Muni d'une autorité si respectable, il composa un écrit victorieux ; tous les lecteurs l'approuvèrent, et l'habit fut maintenu. Le curé de Saint-Sulpice ne changea pas d'opinion et en prit occasion pour traiter durement le pieux instituteur. Il est vrai que l'habit des frères, à leur arrivée dans la capitale, avait d'abord paru étrange et leur avait attiré quelques quolibets ; mais peu-à-peu on s'y était accoutumé, et ce n'était plus un sujet de dérision : bien plus, leur air modeste, quand ils allaient dans les rues, leur avait concilié le respect.

L'abbé De La Salle eut ensuite à subir une cruelle tribulation de la part de ses

enfans. Les deux frères qu'il avait ame-
nés de Reims et qui l'avaient si bien se-
condé jusqu'alors, s'irritèrent de ce qu'il
donnât autorité sur eux, en son absence,
à un troisième frère qui n'était venu
qu'après eux, mais en qui le supérieur
avait reconnu plus de talent et de vertu.
L'un des deux donna l'exemple de la
désertion; l'autre, après avoir pendant
quelque temps fait souffrir de mille manières le saint abbé, finit par le frapper,
et retourna dans le monde.

L'embarras de l'abbé De La Salle fut
grand. Il n'avait pas de sujet qu'il pût
sur-le-champ désigner à leur place; il se
mit donc à faire la classe en attendant
qu'il eût trouvé les hommes qu'il lui
fallait. Ce surcroît de fatigues, sans qu'il

retranchât la moindre partie de ses austérités habituelles, contribua beaucoup à la maladie mortelle dont il fut attaqué. Il en ressentait déjà les atteintes lorsqu'il fut obligé d'aller à Reims; il fit le voyage à pied, malgré sa faiblesse. A son arrivée il ne songea qu'à expédier les affaires qui avaient réclamé sa présence; mais le mal redoublant, il se vit contraint de garder le lit pendant trois jours, au bout desquels ses souffrances s'apaisèrent, et les forces lui revinrent un peu; s'il eût voulu se ménager, sa guérison eût été parfaite. Mais il ne pouvait abandonner plus long-temps les écoles de Paris. Il se hâta d'y revenir, et ce retour lui causa une rechute : son état parut mortel. Ce fut une désolation pour les frères de Paris et de Reims; déjà le saint fondateur avait reçu le viatique; déjà il avait fait entendre à ses disciples fondant en larmes, ces paroles qu'on croyait devoir être les dernières, et qui contiennent tout l'esprit de son Institut : « *Je vous recommande une grande union et une grande obéissance.* » Mais un remède héroïque appliqué à propos par l'illustre médecin Helvétius, qui en venant voir l'abbé De La Salle par charité, y employa néanmoins tout son zèle et toute sa science, sauva le malade, et il fut bientôt rendu à ses utiles occupations.

A quelque temps de là, les imperfections qu'il remarqua dans la conduite des frères de Reims, et leur inexpérience, le firent revenir au projet d'établir à Paris une maison où, comme dans un noviciat, il pût éprouver les frères et les former aux saintes pratiques propres à leur état. Le moment était bien difficile pour une telle fondation ; la disette se faisait partout sentir, les aumônes n'étaient plus abondantes, et le curé de Saint-Sulpice, à qui il communiqua son dessein, le désapprouva fortement et lui défendit même d'y penser davantage. L'abbé De La Salle, loin d'être découragé par cette défense, s'associa pour cette nouvelle entreprise deux de ses collaborateurs, le frère Viart et le frère Drolin, qui avaient toute sa confiance et qui en étaient dignes. Tous trois s'obligèrent par un vœu formel, au nom de la très Sainte-Trinité, à faire tous leurs efforts, tant qu'ils vivraient, *pour perpétuer et maintenir l'Institut, quand même ils ne resteraient qu'eux trois dans ladite société, et seraient obligés de demander l'aumône et de vivre de pain seulement.* Ce vœu, signé de tous trois, a été rapporté textuellement par les biographes de l'abbé De La Salle; il est daté du 21 novembre 1691.

Dès ce moment le saint fondateur se mit à l'œuvre. Pour obvier aux contradictions, il commença par s'armer contre la défense du curé de Saint-Sulpice, en obtenant de l'archevêque de Paris, de Harlay, les autorisations nécessaires. Alors il trouva à Vaugirard une maison abandonnée; la loua, y fit quelques réparations indispensables, et en attendant qu'il y eût appelé les frères de Reims, il y envoya de temps en temps ceux de Paris pour y prendre l'air. Lorsque le temps des vacances fut arrivé, il appela les frères de province, les logea à Vaugirard, les y fit entrer en retraite, puis les exercices commencèrent. A la fin des vacances, il ne renvoya à leurs écoles que ceux qui lui paraissaient suffisamment instruits, et retint les autres. Ainsi les anciens frères partirent seuls; les frères nouveaux passèrent encore une année à Vaugirard, dans les exercices les plus édifians, ayant à leur tête leur saint supérieur, qui ne se lassait jamais de les instruire. L'heureux succès de cette espèce de noviciat pour les frères déjà admis dans l'Institut, lui inspira le dessein d'avoir à Vaugirard une maison de noviciat dans toutes les formes , pour tous les sujets qui voudraient entrer dans sa congrégation.

Un grand nombre se présenta : l'abbé De La Salle crut ne devoir refuser personne ; mais quelques-uns ne persévérèrent pas ; les autres, saintement passionnés pour l'instruction du pauvre et pour la perfection chrétienne , soutinrent avec courage les épreuves de cet apprentissage.

Il était en effet bien rude. D'abord qu'on se représente la maison la plus pauvre et la plus dénuée de tout, on aura quelque idée de celle de Vaugirard. Pas une fenêtre qui pût fermer ; les chambres ouvertes à tous les vents, à la pluie, à la grêle, à la neige, les lits en étaient quelquefois tout couverts. Et quels lits ! de mauvaises paillasses ; il n'y avait que deux méchans matelas dans cette demeure : l'un destiné pour les malades, l'autre pour le supérieur (ainsi l'avaient voulu les frères) ; mais quand il se couchait il avait toujours soin de le retirer. Jamais de feu dans cette maison. La cuisine se faisait dans la rue du Bac, et les mets étaient transportés à Vaugirard. C'étaient quelques restes de viande que les communautés de Saint-Sulpice avaient la charité de donner ; c'étaient encore des morceaux de rebut de la cuisine de quelques grandes maisons, dont les domestiques même ne voulaient pas. La misère était alors au comble dans Paris ; toutes les bourses étaient fermées, et il est exact de dire qu'à cette époque les frères, réduits ainsi à vivre de ce qu'on leur donnait, ne recevaient tout juste que ce qu'il leur fallait pour les empêcher de mourir de faim. Leurs habits en haillons étaient à l'unisson de leur nourriture.

Et c'est ici qu'il faut admirer la sainte confiance du fondateur, qui choisit précisément un temps si dur pour établir une nouvelle maison. Au surplus, la providence ne trompa point son espoir, et les obstacles qu'il eut à vaincre ne servirent qu'à faire briller sa persévérance et son habileté, ainsi que le saint dévoûment des enfans de son Institut.

Quelque austère que nous paraisse

encore aujourd'hui la vie des Frères des écoles chrétiennes, elle est pleine de luxe et de douceurs si on la compare à l'existence des frères et des novices soumis à la discipline de la maison de Vaugirard ; mais il ne fallait pas moins pour tremper et fortifier dans sa racine cette institution, qui, devenue comme un de ces arbres des forêts contre lequel se déchaînent vainement les vents et les orages, couvre de ses rameaux bienfaisans toute la jeunesse pauvre de la chrétienté.

Cependant le nouvel Institut acquit bientôt de puissans et riches protecteurs : tel fut le comte de Charmel, dont le château était voisin de Vaugirard. Ce pieux seigneur vint visiter le noviciat, en admira les exercices, avoua qu'il n'avait rien vu de plus ravissant à la Trappe, et devint l'ami le plus intime de l'abbé De La Salle.

Une nouvelle famine, qui commença à se faire sentir à la fin de l'année 1692, dans Paris et surtout dans les environs, obligea le saint fondateur à transférer son noviciat dans la maison des Frères de la grande école de Saint-Sulpice, située rue Princesse. La répugnance qu'il sentait à prendre ce parti avait dû céder à la crainte réelle et prochaine de mourir de faim lui et ses novices. Un mendiant avait un jour enlevé à un frère le peu de vivres qu'il portait à la maison de Vaugirard : il fallut se passer de manger ce jour-là, et le succès de ce premier vol faisait craindre que la même chose n'arrivât le lendemain, dans un temps où des pauvres affamés s'attroupaient sur les chemins et arrêtaient les passans. Mais à Paris comme à Vaugirard, le fondateur et ses enfans se trouvèrent réduits aux mêmes extrémités. Le curé de Saint-Sulpice, accablé par le nombre des indigens de sa vaste paroisse, cessa de payer aux frères des écoles les 5oo livres qu'il s'était obligé de leur donner tous les ans. Le pain était d'une cherté horrible; les frères n'en avaient plus; ils étaient obligés de se nourrir d'herbes cuites, et encore cette dernière ressource allait leur manquer. Quelques murmures se firent entendre; le supérieur reprit doucement ses frères: «Mes chers enfans, leur dit-il, gardez-vous de vous inquiéter et de dire: Qu'est-ce que nous mangerons ou qu'est-ce que nous boirons? car c'est ainsi que parlent les païens. Votre père céleste sait que vous avez besoin de tout cela. » La providence envoya bientôt un secours imprévu. Une riche et pieuse dame qui distribuait à la porte de sa maison de grandes aumônes aux pauvres, remarqua un frère qui s'était mêlé à la foule. Elle l'interrogea, reçut l'aveu de sa misère et de celle de ses compagnons. *Il ne restait plus*, dit-il, *que quatre sous à l'Institut!* Avec ces quatre sous il était sorti pour acheter des herbes; et voyant cette affluence de pauvres, il avait hasardé de se mettre avec eux, afin de participer aux aumônes qu'on leur ferait. La charitable dame attendrie, lui dit : « Allez en paix, je vais donner ordre à ce qu'il ne vous manque rien. » Puis elle se rendit chez le curé de Saint-Sulpice, et lui marqua sa surprise de ce qu'il négligeait de secourir des hommes si utiles à la paroisse. L'abbé Baudran, pour se justifier, allègue la multitude de ses pauvres ; il avoue qu'il n'ignore pas la misère affreuse des frères, mais que dans les tristes circonstances où tout le monde se trouvait, « il fallait bien qu'ils se résignassent à souffrir. — Mais, répliqua la dame, autre chose est de souffrir ou de manquer absolument de tout : il faut faire quelques efforts pour eux... » Le curé n'ayant rien à répliquer à une dame dont la charité était une de ses principales ressources, se hâta d'envoyer un peu d'argent à l'abbé De La Salle, qui le reçut comme un don de la providence.

Même disette et encore plus grande au mois de janvier 1694 ; même diminution de ressources dans les mains du curé, qui, bien qu'affectionné aux frères, était persuadé qu'il se devait de préférence à ses autres paroissiens. Cependant la providence ne manqua pas encore à l'abbé De La Salle. Ses enfans mouraient de faim : après s'être jeté au pied de la croix et avoir adressé à Jésus une fervente prière, il se sent inspiré d'aller chez le curé. Il ne pouvait venir dans un meilleur moment; le roi venait d'envoyer une grosse somme pour le soulagement des pauvres. Le curé embrasse le saint abbé et lui donne 200 livres, avec promesse de lui en compter encore autant dans quinze jours, ce qui fut exactement accompli. C'était de quoi subsister, mais pendant quelques jours seulement, dans un temps où la maison manquait de tout, et où les choses les plus viles étaient hors de prix. La communauté ne vivait que de pain, que du pain le plus grossier, et ce pain se vendait bien cher. Bientôt les besoins extrêmes recommencèrent. L'abbé De La Salle se présente encore chez le curé; il espérait peu, car ses demandes réitérées pouvaient passer pour importunes; loin de là, le généreux curé mit le comble à ses bienfaits en donnant ordre à son boulanger de servir une certaine quantité de pains par semaine. Cette dernière grâce, qui préserva la communauté des frères d'une ruine certaine, parut bientôt trop onéreuse, et fut changée en une somme de cent livres par mois, que le curé s'obligea de payer pendant un an; mais elle ne suffisait pas, bien que le pain fût distribué aux frères avec la plus stricte économie. La dépense pour cette distribution ne laissait pas de monter tous les mois à cinquante écus. Heureusement, le prix du pain baissa tout-à-coup et tira le saint abbé de ce nouvel embarras.

Le curé de Saint-Sulpice payait le loyer de la maison occupée par l'Institut des frères. Le bail ayant cessé, il trouva une maison dont le loyer était moins cher et en parla au supérieur, qui trouva la nouvelle habitation encore plus incommode que l'ancienne, et ne put consentir à ce qu'exigeait le curé. Celui-ci déclara qu'il ne paierait plus le loyer, qui se montait à sept cents livres. De La Salle, après avoir pris les conseils de l'abbé Tronson, qui était pour lui comme un oracle, persista et déclara au curé qu'il préférait payer lui-même tous les ans sept cents livres. C'était là une charge bien pesante que le serviteur de Dieu s'imposait, et il était à craindre que le propriétaire de la maison ne voulût pas consentir à passer un bail de cette importance avec un locataire si pauvre. Cependant, telle était la vénération et la confiance que lui inspirait le pieux fondateur, que cet homme lui céda sa maison sans même exiger d'écrit, et, Dieu y pourvoyant, le loyer fut toujours exactement payé.

Enfin la famine cessa tout-à-fait. L'abbé De La Salle revint à Vaugirard avec six novices qui lui restaient. La communauté se trouvant moins nombreuse qu'elle ne l'avait été, il eut un peu plus de loisir et en profita pour composer les règles de l'Institut. Les premiers réglemens n'avaient été que des essais ; il avait voulu éprouver ce qui pourrait être constamment applicable, avant de rien statuer définitivement, persuadé que rien n'affaiblit tant l'au-

torité d'un gouvernement que les varia-
tions dans les règles et dans les précep-
tes. Après avoir achevé ce travail, il
réunit tous les frères anciens et le soumit à leur approbation; il autorisa
même les frères nouveaux à donner leur
avis. Après un court et libre examen,
tous adoptèrent formellement ces règles
comme inspirées par l'esprit de Dieu.

L'abbé De La Salle composa encore à
cette époque plusieurs ouvrages usités
pour leurs écoles, savoir : la *Civilité
chrétienne ;* des *instructions* sur le saint
sacrifice de la messe et sur la manière
d'y assister; d'autres *instructions* pour
apprendre comment on doit approcher
des sacremens de pénitence et de l'eu-
charistie; différens *catéchismes*, l'un

pour les petits enfans ; d'autres plus amples et plus profonds pour mettre les frères en état d'enseigner la doctrine chrétienne ; enfin des *méditations* et autres livres de piété à l'usage de ses disciples.

Les frères, dont le zèle devenait chaque jour plus fervent, le pressaient de consentir à ce qu'ils fissent des vœux perpétuels. C'était de là que dépendait la consistance et la durée de l'Institut. Personne plus que lui n'était convaincu de cette vérité ; mais si un engagement éternel et irrévocable avait ses avantages, il pouvait avoir de grands inconvéniens, s'il était contracté légèrement. Cette crainte l'empêcha long-temps d'accéder aux sollicitations de ses disciples ; enfin

il prononça, avec douze d'entre eux, à
Vaugirard, des vœux perpétuels d'obéissance et de stabilité dans l'Institut. Après
cette solennité, dont acte fut dressé et
signé de sa main (1) et de celle de chacun des frères, il crut l'occasion favorable pour se démettre du rang de supérieur. Les frères, n'espérant pas vaincre
sa résolution, feignirent de s'y conformer; ils acceptèrent sa démission, et,
procédant à une nouvelle élection, ils le
confirmèrent tout d'une voix dans la
supériorité. Sa douleur et sa surprise
furent extrêmes. Il exigea un second
scrutin qui donna le même résultat. Il
fut tenté de se fâcher cette fois; mais les

____

(1) Il signa *J. B. De La Salle, prêtre romain.*

frères qui avaient voté ainsi sans s'être entendus et qui voyaient une marque évidente de la volonté du ciel dans cette constance de leur part à nommer pour supérieur celui qui devait l'être à tant de titres, lui remontrèrent qu'il ne lui était pas permis de résister aux ordres de Dieu même, manifestés par l'unanimité de leurs suffrages. Ils refusèrent de procéder à un troisième scrutin. L'abbé De La Salle céda enfin ; mais en acceptant la première place, il exigea absolument que les frères prononçassent l'exclusion formelle de tout prêtre ou de toute personne dans les ordres sacrés pour gouverner l'Institut. Les frères n'eurent pas de peine à le satisfaire sur ce point (7 juin 1694) ; et, depuis lors, ce statut a été irrévocablement observé.

Dans ce temps-là, l'abbé De La Salle et son Institut jouissaient d'une tranquillité assez grande ; mais en 1696 les contrariétés recommencèrent. Le cardinal de Noailles, qui avait succédé à M. François de Harlay dans l'archevêché de Paris, s'appliqua à réformer quelques abus, entre autres la multiplicité des chapelles domestiques. Dans son noviciat de Vaugirard, l'abbé De La Salle, pour célébrer la messe et communier ses enfans, n'avait pas d'autre endroit que la chapelle d'une maison particulière attenant à la sienne. Cette chapelle fut interdite comme les autres ; par là le supérieur se trouvait réduit à la nécessité de conduire ses disciples à l'église paroissiale qui était fort éloignée et à laquelle on ne pouvait aller que par de très mauvais chemins en hiver. En outre, la populace de Paris, qui affluait dans le village dès le matin, aux jours de fête, ne pouvait présenter à ses enfans que des spectacles indécens et funestes à l'innocence. Cette dernière considération alarma le saint homme; il s'adressa à l'archevêque, et ce prélat, rempli d'estime pour l'abbé De La Salle, lui confirma le privilège d'exercer dans une chapelle de sa maison toutes les fonctions du ministère. Aussitôt un autel fut dressé dans une des pièces du noviciat, et l'un des grands vicaires vint en faire la bénédiction. Cependant le curé de Vaugirard, jusqu'alors ami particulier du saint fondateur, s'irrita de ce privilège. L'édification que les frères donnaient aux paroissiens, toutes les fois qu'ils venaient dans son église, était si grande qu'il eût voulu les obliger d'y venir tous les dimanches et les fêtes; mais ses tentatives auprès de l'archevêque n'eurent aucun succès. Après bien du bruit, il se réconcilia avec l'abbé De La Salle qui mena ses enfans à la paroisse aussi souvent qu'il lui fut possible, et surtout le jour de Pâques et le jour de saint Lambert, patron de Vaugirard.

Cependant la réputation de son Institut se répandait partout; et bien que la pauvreté continuât de faire toute la richesse du pieux fondateur, il n'avait pas la force de repousser la foule des postulans. Le nombre des novices s'accrut si fort que la maison de Vaugirard se trouva trop petite. Alors il ne craignit pas de louer pour seize cents livres une grande et vaste habitation avec cours et jardins, située rue de Vaugirard, un peu au-dessus de la barrière des Carmes déchaussés, dans un endroit fort solitaire. Cette maison avait été habitée autrefois par les religieuses de *Notre-Dame-des-Vertus*. Il était à craindre que ce nouveau bail n'irritât le curé de Saint-Sulpice; mais la providence qui semblait, en dépit de la mauvaise volonté des hommes, se complaire à favoriser les entreprises du fondateur, voulut qu'alors même l'abbé Baudran résignât sa cure à M. de La Chétardie qui avait toujours été le protecteur déclaré des frères. Le nouveau curé goûta les raisons qui avait déterminé l'abbé De La Salle à cette dépense, et, pour y subvenir, augmenta de cinquante livres la pension annuelle de chacun des frères. Il fallait des meubles pour le nouveau local. A la sollicitation du curé, madame Voisin, qui faisait d'immenses charités aux pauvres, donna sur-le-champ quatre cents livres avec promesse de réitérer ce don tous les ans ; puis, quelques jours après, reconnaissant l'insuffisance de ce secours pour une dépense actuelle aussi considérable, elle leur donna encore sept mille livres. Avec ce puissant secours, l'abbé de la Salle meubla sa maison. Les novices furent infiniment mieux, pour le logement; qu'ils ne l'avaient été à Vaugirard; mais la nourriture ne changea pas, et leur régime de vie continua d'être aussi austère. La chapelle de la nouvelle maison fut dédiée, par un des grands vicaires, sous l'invocation de saint Cassien. L'abbé De La Salle choisit ce patron, parce qu'il avait été martyr de sa charité à enseigner la jeunesse.

Alors encore, par la protection de l'abbé De La Chétardie, qui montrait un cœur de père pour l'Institut, le saint fondateur établit, dans la paroisse, une troisième école, rue Sainte-Placide, dans le quartier des Incurables. Ce nouveau progrès des frères donna l'alarme aux maîtres d'école de Paris; ils obtinrent

une seconde sentence en vertu de laquelle ils firent saisir tout ce qui se
trouvait dans les écoles gratuites de
Saint-Sulpice. Quand les hommes de
justice vinrent enlever les meubles :
« Prenez, prenez-moi aussi, leur dit le
supérieur. — Ce n'est point à vous que
nous en voulons, répondirent-ils, c'est
aux frères. » En effet, les frères furent
cités en justice, et, pendant trois mois
que dura le procès, les écoles furent
fermées. Les maîtres d'école accusaient
faussement les frères de retirer des pro-
fits considérables de leurs écoliers. La
calomnie fut prouvée ; le juge débouta
les maîtres d'ecole de leurs demandes,
et les frères reprirent leurs fonctions au
grand contentement du peuple. Personne
n'en eut plus de joie que l'abbé De La

Chétardie. Il se faisait un plaisir de visiter souvent les classes, et chaque jour plus frappé de la foule des écoliers et de leur excellente tenue : «Ah! monsieur, disait-il « au supérieur, quelle œuvre! Où se- « raient maintenant tous ces enfans s'ils « n'étaient pas ici? On les verrait cou- « rir dans les rues, insulter les passans, « se battre les uns les autres, et faire à « leurs dépens le funeste apprentissage « du mal et du péché. »

Qu'on nous permette de le dire : Ce discours que tenait, il y a près d'un siècle et demi, le vénérable curé de Saint-Sulpice, se trouve encore aujourd'hui dans la pensée et dans la bouche de tout ami charitable et zélé de l'enfance qui visite les écoles des frères.

Le bien qui se faisait par eux dans la

paroisse de Saint-Sulpice engagea le curé de Saint-Hippolyte, au faubourg Saint-Marcel, à demander des frères à l'abbé De La Salle. Bientôt l'école de Saint-Hippolyte, enrichie par les dons de plusieurs ecclésiastiques, devint un séminaire de maîtres pour la campagne.

En ce même temps, le roi d'Angleterre, Jacques II, à qui Louis XIV accordait un généreux asile, confia à l'abbé De La Salle l'éducation de cinquante jeunes Irlandais. Le pieux instituteur, se chargea lui-même, en grande partie, de leur éducation, et bientôt ils furent jugés capables de remplir avec honneur les places qu'on leur destinait.

L'évêque de Chartres (Godot des Marais) voulut avoir des frères, et leurs

classes se multiplièrent dans cette résidence. Les frères furent également appelés à Calais. Protégés par M. de Béthu-
ne, gouverneur de cette ville, ils y eurent bientôt une maison vaste et com-
mode, des rentes, des gratifications, et,
pendant plusieurs années, une somme
de quatre cent cinquante livres que le
roi Louis XIV leur accordait sur sa cas-
sette. Ils obtinrent, en 1705, une seconde maison, dans le quartier du *Court-
Gain*, pour former à la piété les enfans
des matelots; enfin on leur fit une pension de neuf cents livres sur les octrois
de la ville.

Cependant à Paris, sous les auspices
du bienveillant curé de Saint-Sulpice,
des écoles dominicales pour les garçons,

apprentis des différens arts et métiers, s'établissaient dans cette paroisse (1709). On y recevait les adultes jusqu'à l'âge de vingt ans, et on les distribuait par classes ; trois heures étant employées à enseigner les arts qui appartenaient à chacune ; cet exercice était suivi d'un catéchisme et d'une exhortation religieuse. On ne saurait croire le bien que produisit cette nouvelle institution. Il se fit un changement surprenant dans les mœurs de tant de jeunes gens, que le seul désir de faire des progrès dans leurs professions avait d'abord encouragés à fréquenter les écoles dominicales. Mais les frères, que l'abbé De La Salle avait préposés à ces classes, se prévalant de l'habileté qu'ils avaient acquise, devinrent indociles, formèrent des projets de fortune et finirent par déserter l'Institut; les écoles dominicales tombèrent. Pour comble de malheur, le curé de Saint-Sulpice attribuant à la sévérité inflexible de l'abbé De La Salle la défection de ses maîtres, le rendit seul responsable de ce triste résultat.

En 1702, la ville de Troyes demanda des écoles de frères; elle en eut bientôt dans cinq paroisses.

Cette même année, le supérieur, afin de propager à Rome son Institut, y envoya le frère Drolin, l'un de ses plus vertueux disciples. Il voulait, en faisant prendre racine à l'arbre de la société dans le sein même de l'unité catholique, le placer à l'ombre du Saint-Siège, et l'asseoir, en quelque sorte, sur cette même pierre où Jésus-Christ avait fondé son église ; enfin se frayer une voie pour aller aux pieds du successeur de saint Pierre solliciter l'approbation de ses règles et de ses constitutions.

Le frère Drolin, abandonné par le frère que le supérieur lui avait donné pour compagnon, languit d'abord pendant trois ans entiers, à Rome, dans la plus extrême pauvreté. Il obtint ensuite la direction d'une des écoles charitables, fondée par le pape Clément XI, avec un appointement de quinze livres par mois. Ce fut comme le premier fondement de la maison florissante que les frères y ont eue depuis sous le pontificat de Benoît XIII, qui approuva l'Institut et l'érigea en ordre religieux. Alors seulement, le frère Drolin revint en France après vingt-six ans de séjour à Rome.

Les écoles d'Avignon furent ouvertes à-peu-près dans le même temps (1703). Le succès en fut d'abord si heureux que l'archevêque (François-Maurice de Gontery) et le vice-légat, fournirent, par ordre de Clément XI, à tous les besoins des frères. L'archevêque allait souvent visiter ces nouvelles écoles ; charmé de la méthode des frères, il y passait des heures entières à les voir donner leurs leçons et à écouter leurs écoliers. La bienveillance de ce prélat et du vice-légat dut contribuer puissamment dans la suite à faire approuver à Rome l'Institut. L'exemple des écoles d'Avignon , engagea de riches habitans de Marseille à s'associer pour faire une pension de 400 livres, destinée à l'entretien de deux frères. Bientôt les disciples de M. De La Salle furent appelés dans cette ville au nombre de seize. On aime à citer parmi leurs plus zélés protecteurs le saint et illustre évêque Belzunce.

A Paris, nouvel orage contre l'abbé De La Salle, causé par les réclamations qu'excitait la dureté des frères qu'il avait préposés à la direction des novices. Les plaintes allèrent jusqu'à l'archevêché ; on informa secrètement contre le supérieur, et l'archevêque lui déclara qu'il lui ôterait sa supériorité. Le saint homme ne proféra pas une parole pour se défendre et se soumit avec douceur ; mais les

frères se refusèrent absolument à reconnaître un ecclésiastique (l'abbé Bricot)
qu'on voulait leur imposer pour supérieur. En vain l'abbé De La Salle engagea
ses enfans à s'y soumettre : « Notre ré-
« solution est liée à notre vœu, dirent-
« ils ; l'une dépend de l'autre, et l'une
« comme l'autre est une exclusion pour
« le nouveau supérieur. C'est à vous
« que nous avons promis obéissance,
« mais non pas à lui. » Après de lon-
gues négociations, les frères se déterminèrent à une soumission apparente ;
l'abbé Bricot fut établi supérieur pour
la forme, puis il ne reparut plus qu'une
fois dans la maison, encore ce ne fut
qu'au bout de trois mois. C'était une
pure formalité pour sauver l'autorité

épiscopale; le nouveau supérieur fut si bien regardé comme n'ayant point d'emploi que le cardinal de Noailles lui donna quelque temps après une autre destination, tandis que l'abbé De La Salle continuait à gouverner l'Institut.

Quand le calme fut rétabli, le saint instituteur essaya de retrancher une partie des austérités en usage dans sa maison. Tout en faisant cette concession aux sentimens de ses adversaires, il en prévoyait les funestes suites. En effet, la dissipation ne tarda pas à s'introduire parmi les frères; il les reprit doucement. Ce n'était plus le même respect à recevoir les avis ; on retomba dans les mêmes fautes. Bientôt ces frères peu réguliers perdirent tout-à-fait le goût de leur état et quittèrent l'Institut. La bonne conduite du plus grand nombre, qui se soutint dans la voie de la sagesse et du devoir, consola l'abbé De La Salle de la perte de huit ou neuf disciples habiles, mais que leur instruction rendait indociles et présomptueux.

Forcé, le 20 août 1703, par la vente de la maison de Vaugirard de chercher une autre demeure, il alla se fixer rue de Charonne, au faubourg St-Antoine. Le curé de Saint-Paul, ravi d'avoir dans sa paroisse des hommes dont il pouvait tirer de si grands services, fit au saint fondateur et à ses disciples le plus favorable accueil. L'abbé De La Salle qui n'avait point de chapelle dans sa nouvelle maison, profita du voisinage de l'église des religieuses de la Croix; il y disait la messe habituellement, et y conduisait ses frères. Les religieuses jugeant que ce bon prêtre, vêtu très pauvrement, ne pouvait être qu'un saint, souhaitèrent de l'avoir pour directeur et, en attendant, s'empressèrent de combler d'aumônes la communauté des frères. Effrayé du temps que la direction d'un couvent de filles allait enlever à la sainte entreprise à laquelle il avait consacré sa vie, l'abbé De La Salle se refusa à leurs sollicitations. Mais ce refus ne refroidit pas l'affection de ces bonnes filles : elles continuèrent leurs charités; les frères ne pouvaient en avoir plus besoin, car ils avaient perdu tous les avantages qu'ils possédaient sur la paroisse de Saint-Sulpice.

Encore une fois les maîtres d'école

que le crédit de l'abbé De La Chétardie avait tenus en respect jusque-là firent à l'abbé De La Salle un nouveau procès à l'occasion des écoles dominicales qu'il avait transportées au faubourg St-Antoine. Il ne jugea pas à propos de se défendre ; puis, au commencement de l'année 1704, intervint une sentence en vertu de laquelle les écoles dominicales furent fermées, l'inscription portant : *Frères des écoles Chrétiennes*, enlevée, les meubles saisis et le saint homme condamné à l'amende et à des dommages-intérêts. Après ce désastre, il retourna dans la maison des écoles de Saint-Sulpice. La communauté n'était plus si nombreuse ; la persécution avait obligé l'abbé De La Salle de disperser en province les frères qui avaient fini leur noviciat. Plusieurs novices l'avaient quitté. Une école qu'on lui confia sur la paroisse de Saint-Roch, le mit à même de ne plus être à charge aux frères de Saint-Sulpice. Bientôt il fut appelé à Rouen, dans la ville où le premier projet des écoles chrétiennes avait été formé par la pieuse madame de Mail-lefer. Déjà, en 1705, il avait envoyé deux frères pour diriger l'école de Darnetal. A Rouen, malgré la protection signalée de M. l'archevèque Colbert et du premier président Pont-Carré, l'établissement des frères rencontra de grandes difficultés. Les administrateurs de l'hôpital, n'osant résister ouvertement à de si puissans protecteurs, imposèrent à ces pauvres maîtres les conditions les plus onéreuses, dans l'espoir de les dégoûter. Ils devaient non-seulement tenir l'école, mais servir les pauvres de l'hôpital. Pendant deux ans, ils subirent cette double tâche ; mais au bout de ce temps, excédés de fatigue ils résilièrent leurs engagemens, aimant mieux se contenter des seules pensions attribuées aux maîtres d'école, que de continuer à desservir l'hôpital.

Ce fut cependant dans un faubourg de Rouen que le pieux fondateur trouva enfin, pour son noviciat, le local tout-à-fait convenable après lequel il soupirait depuis si long-temps. C'était la maison de *Saint-Yon,* ayant un vaste enclos et présentant une solitude agréable, quoiqu'à la porte d'une grande cité. Elle avait été autrefois le manoir de *Hauteville;*

différens seigneurs l'avaient possédée, l'un d'entre eux nommé *De Saint-Yon*, à qui elle avait appartenu jusqu'en 1615, lui avait laissé son nom, en y faisant bâtir une chapelle en l'honneur de *saint Yon*, martyr. Madame de Louvois qui avait entendu son parent, l'archevêque de Reims, Le Tellier, ne parler à l'abbé De La Salle qu'avec une singulière estime, se fit un plaisir de lui louer au plus bas prix un si beau domaine. Le pieux instituteur s'y établit avec ses disciples, au mois d'août 1705, et ce fut là qu'après tant de tempêtes, il trouva comme un port assuré. La maison de Saint-Yon devint dès-lors le chef-lieu de l'Institut. Là furent élevés les novices; là eurent lieu désormais, pendant les vacances, les retraites annuelles des frères qui, dispersés par toute la France, venaient à cette époque de l'année, retremper leur zèle et leur dévoûment dans des exercices de piété.

Cette même année, sous les auspices du premier président de la chambre des comptes de Dijon, s'établit dans cette capitale de la Bourgogne, une école des frères qui prit de rapides accroissemens.

Cependant les maîtres écrivains de Paris revenaient toujours à dire qu'on admettait dans les écoles gratuites des enfans de parens assez riches pour payer des maîtres. L'abbé De La Chétardie prit enfin une mesure qui, si l'on s'en fût avisé plus tôt, eût épargné à l'abbé De La Salle bien des tribulations. Il fit dresser un rôle de tous les pauvres de sa paroisse, et chargea un de ses vicaires de leur donner un billet signé de sa main pour certifier leur indigence. En même temps les frères eurent ordre de ne recevoir dans les écoles que les enfans qui apporteraient un pareil certificat ; ce qui fut exécuté ponctuellement. Les frères n'y perdirent pas un seul écolier, et les maîtres de Paris se virent désormais dans l'impuissance de les poursuivre.

En 1707, l'évêque de Mende, M. de Piancourt, demanda des frères au pieux instituteur, qui ne put lui en envoyer qu'un seul, contre la règle qu'il s'était faite de n'en donner jamais moins de deux. Le prélat se hâta de mettre à l'œuvre ce bon frère ; mais bientôt il réitéra

sa demande dans une lettre où il disait :
« Les séminaires forment les bons ecclé-
« siastiques ; mais les bons maîtres d'é-
« cole donnent les premières impres-
« sions de la religion et de la piété. »

Bientôt l'évêque d'Alais, M. François-
Maurice de Sault, s'adressa également à
l'abbé De La Salle. Ce prélat, après avoir
été le chef des missions dans ce pays tout
protestant, en avait été nommé le premier évêque. Il n'y avait peut-être pas
de ville, en France, qui eût plus besoin
que la ville d'Alais d'une école gratuite
et chrétienne pour y rétablir le catholi-
cisme par l'éducation des enfans : « Car,
« comme disait M. de Sault dans sa lettre
« adressée au supérieur, nous avons des
« prédicateurs, et nous manquons de ca-

téchistes. » Le serviteur de Dieu reçut cette lettre avec une joie indicible; il ne voyait rien de plus conforme à l'idée de son Institut que de jeter dans les cœurs des enfans la semence des vérités catholiques. Il choisit ce qu'il avait de mieux parmi les frères, les fit partir sans délai, et au mois d'octobre de la même année ils ouvrirent une école qui, en dépit de la mauvaise volonté des dissidens, devint bientôt florissante. L'évêque d'Alais obtint de la libéralité du roi les fonds nécessaires à l'entretien des nouvelles écoles; ce qui fit que dans le pays elles furent appelées *écoles royales.*

Tout prospérait alors pour l'Institut. La ville de Grenoble demanda aussi des écoles. A Paris, l'abbé De La Chétardie autorisa les frères à quitter leur petite et incommode habitation de la rue Princesse, et loua pour eux, en son nom, une vaste et belle maison, avec jardin, près de la barrière de Sèvres. A Saint-Denis une pieuse fille, mademoiselle Poignant, établit à ses frais une école des frères. C'est ainsi que, du sein de sa solitude de Saint-Yon, l'influence de l'humble prêtre s'étendait par toute la France. Mais le ciel lui réservait encore bien d'autres épreuves.

La famine de 1709 le força de revenir à Paris avec ses novices. La plus grande partie du revenu de la maison de Saint-Yon consistait dans les productions du jardin. Ce secours devint insuffisant dans un temps où le blé était d'une cherté horrible. Les aumônes qu'on faisait aux frères, dans la ville de Rouen, étaient peu de chose. Pour surcroît de malheur, à M. Colbert venait de succéder, au siége de Rouen, M. d'Aubigné, prélat ennemi des frères. Ce fut donc une nécessité pour l'abbé De La Salle d'aller à Paris habiter la nouvelle maison des novices. Elle avait des revenus pour douze frères seulement, et se trouva bientôt composée de plus de quarante personnes. Quelques frères lui firent des reproches sur sa facilité à recevoir des novices, attirés moins par une vocation que par l'espoir de trouver à manger. « Il nous en coûte, il est « vrai, répondit-il ; mais ils ont fait une « bonne retraite qui leur sera avantageu- « se. » Le boulanger refusa un jour de fournir le pain, parce qu'on n'avait pas de quoi le payer. Toute la maison paraissait condamnée à mourir de faim. Le saint homme, animé de son invincible confiance en Dieu, alla dire sa messe comme à l'ordinaire. Chemin faisant il rencontre une personne dont la charité en sa faveur paraissait épuisée. Cette personne l'interroge; attendrie du dénuement où se trouvent les frères : « Allez « en paix, lui dit-elle, je vais y pourvoir « moi-même. » Elle vint, en effet, à la maison et donna de quoi nourrir, pendant plusieurs jours, la communauté affamée. Enfin la disette cessa, et en 1710 une riche moisson répara les maux de l'année précédente.

Alors s'établirent des écoles à Versailles ; elles prospérèrent à l'ombre de la protection royale ; mais cet établissement, qui semblait si avantageux à l'Institut, lui devint funeste par la mauvaise conduite du frère qui le dirigeait. Doué d'un mérite distingué, cet homme savait se faire aimer et respecter des enfans ; il était bien venu du curé de Versailles, l'abbé Huchon, et se trouva à portée de se procurer mille douceurs qui lui avaient été inconnues jusqu'alors. Insensiblement, l'humilité chrétienne fit place chez lui à la vanité ; honteux de la pauvreté de ses habits, il leur donna une forme plus élégante ; sa chambre fut bientôt ornée d'une façon toute mondaine ; il affectait les manières et le ton d'un homme du monde. Négligeant pour lui-même les obser-

vances de la règle, il exigeait avec empire que ses confrères s'y conformas-
sent rigoureusement. L'abbé De La Salle,
averti de ce désordre, vint visiter les
écoles de Versailles; il voulut faire partir le frère directeur; le curé s'y op-
posa; le frère triomphait; mais ce mal-
heureux, ennuyé de s'astreindre encore
à quelques observances auxquelles il ne
pouvait manquer sans scandale, prit
tout-à-coup l'habit séculier et partit un
jour sans en donner avis à personne. Le
curé de Versailles, qui n'avait été que
dupe de sa prévention, s'empressa de
faire ses excuses au digne et clairvoyant
supérieur.

En la même année 1710, des écoles
s'établirent au moyen de legs pieux à

là ville des Vans, en Languedoc, au milieu d'une population calviniste; à Moulins, capitale du Bourbonnais; enfin à Boulogne-sur-mer.

A Moulins, l'abbé Languet, grand vicaire d'Autun (depuis archevêque de Sens), voulut que les frères catéchisassent devant les jeunes ecclésiastiques de la ville, afin que ceux-ci se formassent à cet égard sur les disciples de l'abbé De La Salle. Ces bons frères furent aussi mortifiés de cette distinction que les abbés le furent de cet ordre humiliant; mais les uns et les autres ne purent se dispenser d'obéir, et le catéchisme fut fait de manière à ménager un nouveau triomphe à l'Institut.

A Boulogne, le zèle des habitans alla

jusqu'à faire bâtir pour les frères une maison sur un terrain qu'ils obtinrent de la piété du roi. Le marquis de Colambert, commandant de la ville, traça lui-même le plan de la maison ; les matériaux manquant, il engagea les charretiers à en faire gratuitement le transport ; et ces bonnes gens se portèrent à cette bonne œuvre avec un zèle aussi honorable pour eux que pour les frères.

Ici se place l'humiliation la plus cuisante qui jamais ait frappé l'abbé De La Salle. Un jeune ecclésiastique, encore mineur et qui jouissait d'un riche bénéfice sous la tutelle de son père, vint proposer au supérieur de fonder un séminaire de maîtres pour la campagne. Pendant plus d'une année l'abbé De La

Salle résista à ces offres ; enfin il céda. Une maison fut achetée à Saint-Denis par le jeune bénéficier, mais non pas sous son nom. Quand le père vint à savoir la chose, il éclata. Le fils nia les obligations qu'il avait contractées ; l'abbé De La Salle fut condamné ; non-seulement il perdit la maison, sur le prix de laquelle il avait payé 5,000 livres des deniers de l'Institut, mais il passa pour avoir abusé de la facilité et de l'inexpérience d'un mineur.

C'était en l'année 1711. Pendant qu'on cherchait à le ruiner, à le flétrir, il faisait la visite des maisons des frères, en Provence, à Avignon, à Alais, aux Vans, à Mende, à Uzès. Il fut reçu comme un père, comme un apôtre par ses disciples. Tous les évêques lui témoignèrent leur vénération, et lui rendirent le meilleur témoignage de la conduite de ses enfans.

Dans une ville, dont la discrétion charitable de ses biographes nous tait le nom, il fut d'abord accueilli avec toutes les prévenances possibles par les ecclésiastiques du pays; mais quand après avoir sondé ses sentimens les plus intimes, ils reconnurent qu'il était inviolablement attaché à l'obéissance et à la soumission envers le Saint-Siége, sans admettre certaines distinctions, ceux qui paraissaient lui être le plus attachés devinrent ses persécuteurs; ils gagnèrent plusieurs frères à leur opinion: l'esprit de désobéissance fut introduit par eux parmi les novices; presque tous l'abandonnèrent; on publia contre lui un libelle calomnieux; il y répondit; mais comme sa réponse écrite d'une manière solide et grave ne contenait rien qui pût servir d'aliment à la malignité, sa justification n'eût aucun succès; enfin des frères en révolte contre lui osèrent lui dire qu'il avait très mal fait de venir en Provence, puisqu'il semblait n'y être venu que pour détruire au lieu d'édifier.

Se trouvant à portée de l'Italie, il conçut l'idée d'aller à Rome se jeter aux pieds du souverain pontife et lui demander la confirmation de son Institut. Déjà, après avoir arrêté son passage sur un vaisseau, il allait s'embarquer pour Civita-Vecchia, lorsque l'évèque de la ville le rencontra

et lui demanda où il allait. Sur sa réponse, le prélat lui dit de retourner à sa
maison, et d'aller prendre possession
d'une école qu'il destinait aux frères. Le
saint prêtre obéit sans hésiter et ne pensa
plus à son voyage. Cette école que le prélat voulait fonder ne le fut pas alors, par
les artifices de personnes mal intention-
nées; elle ne le fut que dans la suite avec
plusieurs autres dans cette même ville
qui, après avoir été pour l'abbé De La
Salle un théâtre d'ignominie, est devenue
depuis une des plus favorables à son Institut.

Alors, espérant apaiser ses persécuteurs, il se retira dans une solitude. Ils
prétendirent qu'il avait abandonné son
école. Ce bruit, répandu dans toutes les

provinces, pensa perdre l'Institut; plusieurs frères désertèrent la congrégation; mais bientôt ses disciples fidèles eurent des avis certains sur le motif réel de sa retraite; ils apprirent qu'après avoir recueilli de nouvelles forces dans un commerce intime avec Dieu, il allait reprendre la conduite de sa société. Bientôt le saint homme quitta son espèce d'ermitage et se rendit à Mende, ne doutant pas qu'il ne fût bien reçu des trois frères qui y tenaient école. Ils n'osèrent lui refuser la porte; mais au bout de trois jours, un d'eux lui déclara que s'il prétendait demeurer plus long-temps il eût à payer sa pension. Le supérieur reçut l'outrage sans répondre; adorant la main de Dieu qui l'affligeait, il alla se réfugier chez les frères capucins. Après deux mois de séjour chez ces charitables religieux, le pieux instituteur alla à Grenoble, où les frères lui témoignèrent autant de cordialité que de respect. Il eut lieu d'admirer la régularité de leur maison, et s'y tint comme dans une solitude, occupant la chambre la plus écartée. Là, il vaquait à la prière et à la contemplation ; personne ne savait dans la ville qu'il était arrivé. Ce fut sous ce strict incognito qu'il visita la Grande-Chartreuse. Ce couvent situé à trois lieues de Grenoble était célèbre par la vie pénitente et cachée qu'y avait menée autrefois saint Bruno et ses compagnons. Ce grand saint avait été, comme l'abbé De La Salle, chanoine de l'église de Reims, et les religieux avaient coutume de rendre certains honneurs à quiconque était décoré de ce titre. Le pieux visiteur se garda bien d'en rien dire. Les chartreux voyant un prêtre habillé fort pauvrement, se tinrent dans les termes d'une politesse ordinaire. Cependant au bout de quelques jours, l'air de sainteté qui paraissait sur son visage, l'onction, la dignité de ses discours et je ne sais quoi de céleste qui éclatait dans ses yeux, le firent traiter avec une attention respectueuse. On voulait le retenir, on l'honorait jusqu'à la vénération : ce fut un motif pour lui de ne pas rester davantage. Il revint à Grenoble et s'y tint encore caché jusqu'au moment où il fut obligé de remplacer un frère absent dans une des classes. On le vit alors donner des soins particuliers aux plus pauvres, aux plus grossiers, en un mot aux écoliers que les maîtres sont le plus souvent tentés d'abandonner. Quand le frère dont il remplissait l'emploi fut de retour, le saint homme rentra dans la solitude; mais il s'était trop montré pour qu'on ne sût pas qui il était. Le peuple édifié de ce qu'il avait vu quand il conduisait ses écoliers à l'église, ne parlait plus de lui qu'avec admiration. Les principaux habitans de la ville vinrent le visiter; mais comme on jugea que les visites faisaient violence à son attrait pour la vie solitaire, on n'abusa point de sa complaisance, et il profita de la liberté qu'on lui laissa d'être seul, pour composer de nouveaux ouvrages de piété. Ce fut alors qu'il re-

toucha le livre des *Devoirs d'un Chrétien*, et qu'il en fit une troisième édition.

Les écoles de Provence commencèrent
enfin à jouir de la paix et à rentrer dans
l'ordre. Il s'abstint d'y retourner, dans
la crainte que sa présence n'échauffât les
esprits; il se contenta d'écrire aux frères
pour les fortifier par de bons avis; et il
chargea des visiteurs sages et modérés de
faire parmi eux ce que les artifices de ses
ennemis l'avaient empêché d'opérer par
lui-même.

Repris de violentes douleurs de rhu-
matisme, il eut de nouveau recours au
cruel remède qu'il avait fait autrefois.
Il se fit étendre sur deux chaises, exposé
à l'action d'un feu vif et ardent qui por-

tait sur la partie malade. Dans cette situation, qui représentait assez celle de saint Laurent, toute son occupation était d'imiter la patience de ce saint martyr, et de louer Dieu comme lui sur un gril brûlant. Ayant retrouvé encore la santé dans ce supplice, il alla passer sa convalescence au fond d'une solitude nommé *Parmagne*, à quatre lieues de Grenoble. Là, il se rencontra avec une pieuse bergère nommée Louise, qui passait pour une sainte; les plus sages la consultaient. L'abbé De La Salle lui exposa ses pensées, et lui demanda s'il était à propos qu'il s'éloignât pour le reste de ses jours du commerce des hommes. « Ce n'est pas « la volonté de Dieu, lui répondit la « bergère, il ne faut pas abandonner la

« famille dont il vous a fait le père; le
« travail est votre partage, il faut y per-
« sévérer jusqu'à la fin de vos jours. »

Il revint donc à Grenoble, où il reçut
et fit recevoir à ses disciples la bulle *Uni-
genitus;* et dans cette occasion il fut heureux de signaler sa soumission envers
l'autorité de l'église.

Cependant la solitude à laquelle il s'é-
tait voué avait les plus graves inconvéniens pour l'Institut qui était menacé
d'un schisme. Les supérieurs particuliers
cherchaient à se rendre indépendans;
enfin, des étrangers voulaient changer
toutes les constitutions de la société, et
en substituer d'autres qui tendaient vi-
siblement à l'anéantir. L'abbé De La Salle
ne cessait de recevoir des lettres à ce

sujet; mais, malgré tant de motifs de reprendre l'autorité, il ne faisait aucune réponse, son but était de contraindre ses disciples à élire un autre supérieur. Ce n'était plus seulement pour satisfaire son humilité; il prévoyait que si ses disciples ne faisaient pas cette élection de son vivant, ils n'auraient pas la liberté de la faire après sa mort; et qu'on les obligerait de recevoir pour supérieur un prêtre séculier, ce qui causerait probablement la chute de l'Institut. Les frères, néanmoins, refusaient constamment de lui donner un successeur. Les plus anciens se réunirent pour lui adresser en commun une lettre datée du 1er avril 1714, dans laquelle ils le priaient très humblement, et lui *ordonnaient* de la part du corps auquel il

avait promis obéissance, de prendre
incessamment soin du gouvernement
général de la société.

Ce terme : *nous ordonnons*, était bien
fort de la part de bons frères vis-à-vis
de leur supérieur, qui avait, en outre,
le caractère de prêtre : le saint homme,
loin de s'en choquer, le lut avec respect
comme venant de Dieu même; il se soumit, et quittant Grenoble, il partit pour
Paris. En passant à Lyon, il alla prier
dans le lieu où François de Sales, évêque
de Genève, était mort. A Dijon, il trouva
les écoles florissantes. De retour à Paris,
le 10 août, il pria de nouveau ses frères
de lui donner un successeur; ils refusèrent sa démission. Contraint de se rendre
à leur désir, il conserva le titre de supé-

rieur, mais à leur grande mortification, il n'en fit presque aucune fonction et chargea le frère Barthélemi du détail des affaires de l'Institut, se dispensant même de conduire la maison où il était. Il se contentait de dire la messe aux frères, de les confesser et de leur faire les dimanches et fêtes une exhortation religieuse. Il passait tout le reste du temps dans sa chambre, occupé à la prière, à l'étude de l'Écriture et des Pères, et à composer divers opuscules pour l'usage de ses enfans.

Cette vie solitaire ne désarma pas ses ennemis du dehors; on était surpris qu'il confessât les frères, sans en avoir, disait-on, reçu le pouvoir. Il montra les amples pouvoirs qu'il avait reçus du cardinal de Noailles. On lui fit ensuite des questions captieuses sur certains points théologiques qui partageaient alors tous les esprits. Le serviteur de Dieu pouvait ne pas répondre du tout à un homme qui n'avait aucun droit de l'interroger; mais il est des cas où il faut ménager les esprits dangereux. Il demanda du temps pour répondre. Il se trouva que les frères pouvaient le faire sans conséquence; ils le firent, et par là délivrèrent leur père d'un grand embarras.

Le moment vint où la France, et en particulier l'Institut des frères, firent une grande perte dans la personne de Louis XIV. La mort de ce pieux monarque causa des changemens qui portèrent l'abbé De La Salle à faire revenir ses novices à Saint-Yon. Il les accompagna dans ce lieu qui avait pour lui tant de charmes. Quoiqu'il ne se mêlât plus du gouvernement, il ne put s'empêcher de donner les soins les plus assidus aux novices. Ils les aimait tendrement, et voyait d'ailleurs, dans la bonne direction de leur instruction première, tout l'avenir de la congrégation.

Vers le milieu de l'année 1716, le frère Barthélemi lui représenta qu'il était à propos qu'il visitât les établissemens de Calais et de Boulogne. Le saint homme partit, mais il revint aussitôt qu'il eut rempli ce ministère; il se sentait approcher de sa fin, et ne craignait rien tant que de mourir supérieur. Il appréhendait qu'alors on ne forçât les frères d'en accepter un qui ne serait pas de leur corps. Cette conviction le détermina à faire une nouvelle abdication. A cet effet il rassembla les frères de Rouen et de Saint-Yon, et leur parlant en maître absolu, il leur notifia sa volonté bien arrêtée. Il insista sur son âge avancé, sur les fatigues passées, et particulièrement sur les inconvéniens d'un nouveau refus dicté par leur attachement pour lui. Il leur fit sentir qu'il était désormais contre la sagesse de ne vouloir écouter que cet attachement. Les entreprises de ses ennemis, dont les intrigues avaient fait préposer des supérieurs ecclésiastiques à plusieurs maisons de l'Institut, furent des argumens auxquels les frères se rendirent enfin. Tous s'accordèrent à nommer le frère Barthélemi pour aller disposer les frères des différentes maisons à l'élection d'un nouveau supérieur général. Parti au mois de décembre 1716, il commença par les maisons les plus éloignées et les parcourut toutes successivement. Il trouva les esprits disposés à faire ce que le plus grand bien de l'Institut exigeait. Tous ceux qui ne devaient pas être de l'assemblée signèrent le consentement qu'ils donnèrent à ce qu'on fît l'élection.

Au retour du frère Barthélemi, les frères vocaux, réunis à Saint-Yon le jour de la Pentecôte de l'année 1717, réunirent toutes leurs voix pour nommer le frère Barthélemi. « Il le mérite, « dit le pieux instituteur; il y a long-

« temps qu'il en fait les fonctions. »

Quelques jours après, l'abbé De La Salle et le nouveau supérieur procédèrent à la cérémonie du renouvellement des vœux; puis le fondateur se chargea de réviser la règle de l'Institut et la mit dans l'état où elle est encore aujourd'hui. Cette règle obtint alors le suffrage des ecclésiastiques et des religieux les plus compétens en cette matière. Elle a en outre pour elle la sanction de plus d'un siècle d'expérience.

Cependant le frère Barthélemi, plein de respect pour le père de l'Institut, ne faisait rien d'important sans le consulter. Le ciel bénit l'humilité de ce digne disciple. La paix et l'union régnèrent sous son gouvernement vigilant et sage.

Dans les derniers temps de sa vie, l'abbé De La Salle avait recueilli un legs considérable. Avec cette somme, à laquelle se joignirent d'amples charités, il eut la satisfaction de procurer à son Institut la propriété entière de la maison de Saint-Yon. Pour cette affaire il fit, par l'ordre du frère Barthélemi, un dernier voyage à Paris; il y demeura depuis le 1er octobre 1717 jusqu'au mois de mars 1718, logeant au séminaire de Saint-Nicolas-du-Chardonnet, où il fut un modèle pour les jeunes ecclésiastiques par sa ponctualité à s'assujettir à toutes les pratiques de la maison. En partant de Paris, il dit adieu aux frères comme ne devant plus les revoir; puis, de retour à Saint-Yon, il ne s'y occupa plus que de la pensée de la mort. Il y vécut plus retiré que jamais, composa quelques petits ouvrages spirituels, entre autres l'*Explication de la méthode d'oraison*. Cependant son zèle pour les pensionnaires de la maison de Saint-Yon le faisait sortir quelquefois de sa solitude. Il y avait deux sortes de pensionnaires : les uns étaient de mauvais sujets renfermés par ordre du roi ou par la volonté de leurs parens pour faire pénitence de leurs désordres. Le pieux instituteur visitait également tous les jours ces jeunes détenus ; et il eut le bonheur d'en ramener plus d'un à la religion et à la vertu. Quant aux autres pensionnaires, qui étaient des enfans dont les pères et les mères confiaient l'éducation aux frères, ils faisaient les délices du saint homme. Il les confessait, allait de temps en temps se mêler à leurs récréations, animait leurs petits jeux, et leur racontait des histoires édifiantes appropriées à leur âge.

Au milieu de cette vie paisible, il avait encore ses tribulations. Un frère servant, dont le ministère lui était indispensable, le traitait tous les jours avec dureté et insolence. Il lui reprochait qu'il était à charge à la maison, et lui faisait entendre qu'on serait bien heureux d'être débarrassé de sa personne. Le saint homme supporta ces outrages pendant plus d'un an sans se plaindre, et on ne l'aurait jamais su si, après la mort de l'abbé De La Salle, le frère servant, pressé par ses remords, n'avait fait l'aveu de sa faute.

Une dernière persécution allait frapper le pieux instituteur. L'archevêque de Rouen, d'Aubigné, toujours de plus en plus prévenu contre lui, lui ôta tous les pouvoirs qu'il possédait, même à l'égard de ses propres disciples. Ce fut deux jours avant sa mort, dans le lit d'où il ne devait jamais se relever, que l'abbé De La Salle reçut cette décision ; et l'ecclésiastique qui la lui notifia, le fit sans ménagemens. Cette flétrissure n'eut point d'éclat ; le saint prêtre se sentant près de mourir, la tint secrète, par prudence, pour empêcher les murmures qu'elle eût excités dans la communauté. La veille de sa mort, après avoir reçu les sacremens, il adressa ses dernières paroles aux frères, leurs recommandant d'être soumis envers l'Église, d'avoir une dévotion particulière à la sainte Vierge, et à saint Joseph, patron de leur société ; *de s'acquitter de leur emploi avec zèle et désintéressement, et d'avoir entr'eux une union intime et une obéissance aveugle envers leurs supérieurs.*

Ces recommandations produisirent leurs fruits ; les frères se sont conduits en conséquence : aussi, aujourd'hui, en dépit de tant de révolutions et de tempêtes politiques, leur Institut est plus que jamais utile et florissant.

Le lendemain, le frère supérieur témoin de ses souffrances lui demanda s'il n'acceptait pas avec joie les peines qu'il

souffrait : « Oui, répondit le saint, j'a-
« dore en toutes choses la conduite de
« Dieu à mon égard. » Ce furent ses
dernières paroles ; il tomba peu d'instans
après dans l'agonie et expira le 7 avril
1719 à l'âge de soixante-huit ans.

L'éloge de l'abbé De La Salle se trouve
dans le détail de sa vie si utile et si tra-
versée. Les défauts que lui avaient repro-
chés des hommes prévenus ou ennemis ;
l'entêtement, la dureté et l'imprudence,
n'étaient qu'une fermeté invincible ,
la conviction arrêtée qu'un ordre religieux ne pouvait se fonder et se maintenir que par un régime austère ; enfin,
une confiance admirable dans les vues
de la providence. Cet homme si positif
dans son pieux enthousiasme n'a pas

seulement été précieux à la religion par ses travaux, il l'a été à l'humanité tout entière, en établissant sur des bases impérissables et universelles la bonne instruction des enfans du peuple.

Son corps fut inhumé dans l'église de la paroisse de Saint-Sever, à Rouen. Quinze ans après, la chapelle de la maison de Saint-Yon ayant été achevée, son tombeau fut ouvert; on trouva les ossemens intacts et la translation eut lieu à Saint-Yon, au milieu d'un grand concours de peuple.

L'esprit dont ce grand et habile supérieur avait animé son Institut s'est continué dans la conduite de ses successeurs.

Le portrait de l'abbé De La Salle, lithographié par le frère VICTORIN, des Écoles chrétiennes (Paris, 1839), est exposé dans toutes les salles des établissemens de son Institut. Son effigie est entourée de celles des huit supérieurs qui l'ont gouverné depuis sa mort. Voici la légende :

Mᴿᴱ Jˣ Bᵀᴱ De La Salle,

Prêtre-Docteur en Théologie, ancien Chanoine
de N.-D. de Reims,

INSTITUTEUR DES FRÈRES DES ÉCOLES CHRÉTIENNES,

Mort à Rouen, en odeur de sainteté, le vendredi-saint
de l'année 1719, âgé de 68 ans.

Sa vie sans tache fut pleine de bonnes œuvres.
Il consacra sa fortune à l'instruction de la jeunesse.
Une conduite si admirable fut constamment contredite et persécutée.
Mais Dieu a glorifié son Serviteur et béni son œuvre.
Aujourd'hui une multitude d'Enfans sont confiés à ses Disciples.
Des guérisons surnaturelles sont opérées par l'invocation de son nom.
Et NN. SS. les Archevêques de Paris, de Rouen et de Reims
Sollicitent sa Canonisation.

Votre Règle, ô mon Père, est tout mon héritage.
Comme mes Supérieurs je veux toujours l'aimer.
Je chercherais en vain un plus noble avantage,
Que celui de vous suivre et de vous imiter.

FRÈRE BARTHÉLEMI,

PREMIER SUPÉRIEUR-GÉNÉRAL.

(Né le 11 février 1678).

———————

Le gouvernement de frère BARTHÉLEMI fut prudent, ferme, paisible, et consolida l'Institut. Inconsolable de la mort du saint fondateur, qui avait été un vrai père pour lui, il trouva cependant dans sa piété des motifs pour consoler ses frères qui se regardaient aussi comme des orphelins abandonnés. Il ne doutait pas que du séjour de l'éternelle béatitude, le bienheureux De La Salle ne priât pour l'Institut auquel il avait consacré toute sa vie, et il attribua à ses prières les succès inespérés de son administration. En effet, cette précieuse fondation paraissait menacée des plus grands malheurs après le décès de celui qui l'avait créée. Les factions qu'il avait heureusement assoupies, à son retour de Provence, pouvaient se réveiller. Ses ennemis, retenus par sa présence, pouvaient recommencer leurs intrigues, attaquer l'élection du frère Barthélemi, la faire casser par les supérieurs ecclésiastiques, ou, s'ils n'y réussissaient pas, susciter du moins un schisme, en mettant de leur côté quelques frères directeurs, portés à l'indépendance. Rien de tel n'arriva; jamais l'Institut ne fut moins attaqué au dehors, jamais l'union et la subordination ne furent plus grandes au dedans. En cela il était impossible de ne pas reconnaître le doigt de la Providence.

Les frères directeurs, exempts d'ambition et de toute rivalité, ne songèrent qu'à donner l'exemple de la soumission au supérieur général, qui, de son côté, montrait tant de sagesse, de modestie et de mesure, que rien chez lui ne faisait connaître qu'il se vît avec complaisance élevé au-dessus des autres. Cette conduite lui gagna tous les cœurs et affermit tous les esprits dans l'obéissance; et les frères, en reconnaissant que nul n'était plus digne que le frère Barthélemi de remplacer le pieux fondateur, se félicitaient d'avoir déféré aux pressantes instances que celui-ci leur avait faites si souvent de lui donner, de son vivant, un successeur.

Le frère Barthélemi n'était d'ailleurs occupé que d'imiter en tout ce qu'il avait vu faire à l'abbé De La Salle. Il tâcha de le faire revivre en quelque sorte sur la terre, en recueillant avec le plus grand soin tous les Mémoires qui contenaient les actions de sa vie, et en interrogeant toutes les personnes qui l'avaient connu particulièrement. Il voulut profiter du temps où le souvenir était encore récent. Ses soins furent couronnés d'un plein succès : il obtint des Mémoires aussi fidèles que détaillés; et c'est sur ces précieux documens qu'un pieux chanoine de Rouen composa, en 1733, la première histoire de la vie du saint fondateur (1),

(1) Cet ouvrage, composé par l'abbé Bellin, chanoine de Rouen, qui eut la modestie de garder l'anonyme, a pour titre : *Vie de M. Jean-Baptiste De La Salle, Prêtre, Docteur en Théologie, Ancien Chanoine de l'Église métropolitaine de Reims, et Instituteur des Frères des Écoles Chrétiennes* (Rouen, 1733 ; 2 vol. in-8°, avec portrait). L'abbé Bellin était digne d'apprécier M. De La Salle ; lui-même était l'instituteur des Écoles Chrétiennes des Filles d'Ernemont. — Cette vie de M. De La Salle a été reproduite en abrégé, par le R. P. J.-Cl. Garreau, prêtre de la compagnie de Jésus.

Voici le jugement qu'il porte de la vie de La Salle de l'abbé Bellin : « L'auteur, infiniment respectable, qui l'a composée, en voulant dire absolument tout ce qui avait rapport à son sujet, a fait deux grands volumes in-4°, que peu de gens sont en état de se procurer, d'où il est résulté que la vie de M. De La Salle n'a guère été plus connue que si elle n'avait jamais été écrite ; d'ailleurs les faits n'y sont pas mis à leur place naturelle. Il a donc été nécessaire de réduire l'ouvrage de M. Bellin, et d'y mettre un certain ordre qu'il a un peu trop négligé. » Le R. P. Garreau atteignit le but qu'il s'était proposé ; son ouvrage a eu le plus grand succès, et en 1825 une nouvelle édition en a été publiée, avec un précis de l'histoire de l'Institut des Frères ouvrage qui a servi de guide et de source à tous ceux qui se sont occupés après lui de retracer la sainte image de l'instituteur des Écoles Chrétiennes. Ce qui prouve la naïve et consciencieuse bonne foi avec laquelle furent recueillis les documens sur la vie de M. De La Salle, c'est que les anciens frères, qui durent surtout être consultés, n'y sont pas ménagés : toutes leurs faiblesses y sont ex-

des Écoles Chrétiennes. — En 1838, le frère Philippe, supérieur-général actuel (1842) des Frères des Écoles Chrétiennes, a publié une autre vie du saint fondateur, sous ce titre : *Le véritable Ami de l'enfance*, ou abrégé de la vie et des vertus de M. J.-B. De La Salle, instituteur des Frères des Écoles Chrétiennes, suivi du récit de plusieurs faveurs obtenues par son intercession. 1 vol. in-18, orné de gravures. A la fin de cet intéressant volume se trouvent, sous le titre *d'Avis*, deux notes très curieuses sur les procédures qui ont eu lieu et qui se poursuivent encore, pour la béatification et la canonisation de M. De La Salle.

posées. Or, quiconque connaîtra la susceptibilité des hommes, conviendra que rien n'atteste mieux l'authenticité de ces Mémoires.

Il semble qu'après avoir rassemblé les matériaux d'un glorieux monument à élever à la mémoire de son instituteur et de son père, le frère Barthélemi n'eut plus rien à faire sur la terre, et qu'il ne lui restait plus qu'à l'aller rejoindre dans une meilleure vie. Le ciel ne permit pas qu'il gouvernât long-temps l'Institut : il mourut à Saint-Yon, le 8 juin 1720, après treize mois d'exercice. Il avait à peine quarante-deux ans.

LE FRÈRE TIMOTHÉE,

DEUXIÈME SUPÉRIEUR-GÉNÉRAL.

(Né le 19 janvier 1682.)

Le frère Barthélemi, quelque temps
avant sa mort qu'il prévoyait, avait ex-
primé le désir qu'on lui donnât pour successeur le frère Timothée, directeur de
la maison d'Avignon. Le mérite reconnu
de ce frère, joint à cette puissante re-
commandation, lui valut l'unanimité
des suffrages. Il était le plus jeune des

dix-huit frères directeurs qui étaient venus à Saint-Yon pour concourir à l'élection. Dans sa modestie, il crut d'abord qu'on s'était trompé en prononçant son nom ; mais, après qu'on lui eut fait voir le scrutin, il s'efforça de décliner un honneur dont il se croyait indigne ; alléguant son incapacité, il supplia les frères, avec larmes, de révoquer leurs suffrages, et de recommencer l'élection ; mais on n'eut garde d'accéder à sa prière, et l'on fit bien, car c'est sous le gouvernement de ce troisième supérieur que l'Institut a obtenu les plus grands avantages, et ils ont été les fruits de sa prudence et de son habileté. La première affaire dont il s'occupa fut d'obtenir des lettres patentes à l'effet d'assurer à l'Institut son

existence légale, et par suite, la possession paisible de la maison de Saint-Yon.
Il rédigea donc, et présenta à l'illustre
chancelier d'Aguesseau un Mémoire que
le premier président du parlement de
Normandie, De Pontcarré, et M. de Bezons, archevêque de Rouen, lui promi-
rent d'appuyer de tout leur crédit. Le
chancelier, avant tout, exigea le consentement de la maison de ville de Rouen.
Ce consentement obtenu, d'Aguesseau,
dont l'esprit éclairé avait saisi tout d'a-
bord le bien immense que pouvait pro-
duire l'humble Institut, soumit au duc
d'Orléans la demande du frère Timothée, et l'appuya de ses vives recommandations ; mais le régent, fort indiffé-
rent à ce qui pouvait intéresser les mœurs

publiques et la religion, rejeta la requête. C'était en 1721. L'année suivante, un nouveau mémoire fut adressé par le frère Timothée au garde-des-sceaux Fleuriau d'Armenonville, qui, plein de zèle pour les bonnes œuvres, fit, de concert avec les personnages les plus puissans, les mêmes instances que son prédécesseur auprès du régent. Le prince, toujours prévenu, étonné de voir tant de solliciteurs d'un si grand poids, n'osa cette fois refuser; il répondit qu'il fallait attendre. En 1723, les mêmes personnes renouvelèrent leurs sollicitations auprès du régent, mais sans plus de succès. Il trouva encore moyen de ne pas refuser sans rien accorder. L'archevêque de Rouen venait de mourir; le duc d'Orléans prétexta qu'il ne voulait rien faire avant que les frères n'eussent en leur faveur le consentement du successeur de M. de Bezons; et ce ne fut que vers la fin de l'année que M. de Tressan, évêque de Nantes, fut nommé à la métropole de Rouen. Le temps pressait. Des deux frères sur la tête desquels avait été achetée la maison de Saint-Yon, un seul vivait encore; mais à sa faiblesse, à ses infirmités, on voyait trop bien qu'il ne lui restait plus qu'un petit nombre de jours. M. de Tressan, frappé du danger où était l'Institut de perdre sa plus importante propriété, n'attendit pas même qu'il eût pris possession de son archevêché, pour présenter au conseil de régence dont il était membre la requête du frère Timothée. Il le fit le 28 septembre 1724.

Louis XV qui venait d'atteindre la majorité royale (14 ans), regarda le cardinal
de Fleuri, son précepteur, comme pour lui
demander son sentiment. Ce sage prélat,
qui portait une estime particulière à l'Institut des Écoles Chrétiennes, fit entendre
au jeune roi qu'il s'agissait de soutenir
une bonne œuvre, tout-à-fait digne de
sa protection royale; et Louis XV s'empressa d'accorder les lettres patentes. Il
était temps. Trois mois après mourut le
dernier des deux frères sous le nom du-
quel Saint-Yon avait été acheté, et si
son décès eût précédé l'obtention des lettres patentes, l'Institut eût perdu ce domaine qui serait retourné à ses anciens
propriétaires.

Le gouvernement du frère Timothée

fut encore marqué par un autre avantage non moins considérable, et que l'abbé
De La Salle avait fort ambitionné de son
vivant. A la sollicitation du cardinal de
Rohan, ambassadeur de S. M. très chrétienne à Rome, le pape Benoît XIII approuva les règles de l'Institut, et le mit
au nombre des ordres religieux.

Ainsi furent réalisés les trois vœux les
plus chers du saint fondateur : 1º l'érec-
tion de son Institut en ordre religieux ;
2º l'approbation de sa règle telle qu'il
l'avait composée, sans aucun changement ni retranchement ; 3º enfin, qu'elle
ne fût point réunie à une autre plus ancienne et déjà approuvée par l'église.

Les bulles furent expédiées à Rome
sur la fin de janvier 1725, et enregis-

trées au parlement de Rouen le 12 mai suivant. La réception de ces bulles eut lieu dans une assemblée solennelle de tous les frères directeurs, tenue à Saint-Yon, le 9 août de la même année; ce fut le quatrième chapitre général de l'ordre, depuis sa fondation (1). Quelques jours après, à la fête de l'Assomption, un des grands vicaires de Rouen reçut, en qualité de commissaire de S. S., les trois vœux de religion que les frères prononçaient, l'un après l'autre.

Avant que l'assemblée se séparât, il fut décidé que les règles de l'Institut se-

(1) Les deux premiers avaient été tenus par l'abbé De La Salle; l'un, en 1694, pour y prononcer les vœux d'obéissance et de stabilité; l'autre, en 1716, pour la démission du saint fondateur et l'élection du frère Barthélemi. Le troisième avait eu lieu le 7 août 1720, pour l'élection du frère Timothée.

raient imprimées, afin d'empêcher qu'elles ne fussent altérées par la suite. On arrêta, en outre, plusieurs points de discipline, tendant à maintenir l'observance de ces règles. Entre autres points, on régla que l'usage du tabac serait absolument interdit dans l'ordre, et qu'on refuserait tout postulant qui ne voudrait pas se conformer à cette défense.

Encouragés par ces faveurs signalées, et de la Providence et des puissans de la terre, les frères des écoles chrétiennes, qui n'avaient à Saint-Yon qu'une chapelle petite et presqu'en ruine, entreprirent d'y construire une église grande et belle; à force de temps, de persévérance, de privations et de travaux, ils mirent à fin cette pieuse entreprise. L'église fut achevée en 1734. Alors le premier soin du frère Timothée fut d'y faire transférer le corps du saint fondateur. L'archevêque de Rouen (Nicolas de Saulx-Tavannes) permit l'exhumation; et le 16 juillet 1734 ce précieux dépôt fut enlevé en grande pompe de l'église de Saint-Sever et transféré à Saint-Yon. La plupart des frères qui étaient répandus par toute la France vinrent, sur l'invitation du supérieur-général, assister à cette cérémonie qui avait pour eux tant d'intérêt. Le clergé de toutes les paroisses de Rouen, ainsi que les autorités civiles et militaires concoururent par leur présence à l'éclat de cette solennité. Pour empêcher le tumulte et maintenir le bon ordre au milieu de la foule du peuple, on avait disposé en haie des troupes, au milieu desquelles marchait le cortége. Le lendemain, l'archevêque alla bénir la chapelle des frères et y célébra la première messe.

Le frère Timothée profita de cette circonstance qui avait attiré à Rouen un si grand nombre de frères pour convoquer un chapitre général (ce fut le cinquième de l'ordre). La bulle pontificale d'institution en avait ordonné un tous les dix ans ; il s'en fallait d'une année que cet intervalle se fût écoulé depuis la tenue du dernier chapitre, en 1725. Aussi, pour rentrer dans la règle, fut-il décidé que le chapitre suivant n'aurait lieu qu'en 1745. Cette sixième assemblée se tint le 30 mai 1745, dans la ville de Reims, par respect pour la mémoire de l'abbé De La Salle qui y était né, et pour soulager la maison de Saint-Yon qui était alors dans un état peu prospère, tant à cause de la cherté des vivres pendant les années précédentes, que du grand nombre de frères malades qui s'y trouvaient. Le frère Timothée songea même alors à fixer son séjour à Reims; mais ce projet n'eut point de suite.

Le chapitre de Reims, comme le précédent, fit quelques réglemens d'une importance secondaire. La régularité des frères n'avait pas besoin d'être soutenue par de nouveaux statuts. L'esprit religieux qui régnait parmi eux les rendait exacts observateurs de la règle, et sous un digne supérieur-général qui faisait evivre en sa personne les vertus de M. De La Salle, l'Institut remplissait dignement les vues de son saint fondateur.

Après avoir gouverné pendant 31 ans la congrégation, et établi plus de soixante-dix maisons, le frère Timothée, se sentant affaibli par l'âge et les infirmités, demanda et obtint sa démission dans un septième chapitre, assemblé à cet effet à Saint-Yon, le 3 août 1751. Débarrassé du fardeau de la supériorité, il ne songea plus qu'à se préparer à la mort : elle l'atteignit, sans le surprendre, plein de jours et de bonnes œuvres, le 7 janvier 1752, à l'âge de 70 ans.

LE FRÈRE CLAUDE,

(Né le 18 janvier 1690.)

———

Le même chapitre, qui avait accepté la démission du frère Timothée, élut le frère Claude, directeur de la maison d'A-vignon. Le nouveau supérieur imita la sagesse de son prédécesseur ; mais son âge avancé lui faisait désirer le repos. Dans le huitième chapitre, tenu à Saint-Yon, le 10 juillet 1761, il offrit sa démission, qui ne fut point acceptée ; on le pria de se choisir un nombre suffisant de coadjuteurs. Contraint de céder aux désirs de ses frères , qui le vénéraient comme un patriarche, il continua à gouverner l'Institut jusqu'au mois de mai 1767, époque à laquelle il convoqua un neuvième chapitre général, pour offrir de nouveau sa démission. Elle fut enfin agréée ; le frère Claude survécut encore dix ans, et mourut à Saint-Yon, le 25 octobre 1775, dans sa quatre-vingt-cinquième année. Il était peut-être alors le seul des frères qui eût connu l'abbé De La Salle.

LE FRÈRE FLORENCE,

QUATRIÈME SUPÉRIEUR-GÉNÉRAL.

(Né le 31 janvier 1725.)

Entré dans l'Institut le 25 avril 1743, le frère Florence en était procureur-général lorsque le choix de ses frères le porta à la première dignité de la congrégation. Comme administrateur, il avait déjà fait ses preuves d'habileté. Sa fermeté, son zèle ardent pour la règle tempéré par l'aménité de son caractère, le rendait aussi cher que respectable à tous, et son âge peu avancé faisait espérer qu'il occuperait long-temps la place de supérieur ; mais, à la grande affliction de ses frères, dans le chapitre général tenu à Reims, le 3 août 1777, dix ans après son élection, le frère Florence donna sa démission. Les larmes, les supplications de ses collègues ne purent ébranler sa détermination et le frère Agathon fut élu à sa place. Le frère Florence avait fixé sa résidence à Paris, en 1770, puis quelques années plus tard à Melun.

Son âge encore peu avancé (il n'avait que 52 ans) ne permettait pas de laisser ses talens enfouis dans un entier repos ; il fut placé en qualité de directeur dans la maison d'Avignon, qu'il gouverna jusqu'à la

révolution. Il fut plusieurs fois empri-
sonné dans ces temps désastreux, et mourut le 14 janvier 1800, âgé de 75 ans.

LE FRÈRE AGATHON,

CINQUIEME SUPÉRIEUR-GÉNERAL.

(Né le 4 avril 1731.)

———◄○►———

Le même chapitre, qui reçut la démission du frère Florence, élut le frère Agathon, qui prit sur-le-champ la présidence de l'assemblée. A ce chapitre se rapportent des réglemens ayant pour objet la réforme de quelques abus. Des dispositions y furent prises afin de pourvoir à la subsistance des frères vieux et infirmes.

On ordonna encore l'établissement à Melun d'une école destinée au perfectionnement des jeunes frères, dans les différentes parties de l'enseignement ; enfin
on fit des réglemens pour l'admission des
postulans de la direction des novices.

Le frère Agathon, qui a laissé dans
la congrégation de si honorables souve-
nirs, et dont les frères encore aujour-
d'hui ne prononcent le nom qu'avec un
respect mêlé d'admiration, inaugura son
gouvernement par la visite générale des
maisons de l'Institut ; il voulait connaître par lui-même leurs besoins. « Cette
visite, dit l'historien de la congrégation,
le convainquit que l'Institut conser-
vait sa ferveur primitive, et que le plus
grand nombre de ses membres remplis-

sait avec zèle les devoirs de sa vocation aux Ecoles chrétiennes. » Quant aux besoins, le sage et vigilant directeur y satisfit par les dispositions les plus efficaces.

Les lettres-circulaires et les instructions que le frère Agathon adressait à ses subordonnés sont remplies de vues si solides et si conformes aux besoins de l'Institut, qu'elles y jouissent d'une autorité presque égale à celle de la règle dont elles sont regardées comme une espèce de supplément et d'explication. Cet habile supérieur a aussi publié un *Traité d'arithmétique* à l'usage des écoles et des pensionnats, et un autre *Traité de l'Explication des douze vertus d'un bon maître*, ouvrage précieux qui est devenu

comme le manuel des frères (Melun,
1785).

Qu'on nous permette de citer l'*Aver-
tissement* adressé par le frère Agathon
à ceux pour lesquels était plus particulièrement écrit ce petit livre. Ce sera faire
connaître à-la-fois son objet ainsi que l'illustre supérieur qui, dans son style simple et net, dévoile son âme tout entière,
et le tour vif, droit, positif, élevé de son
esprit : « Vous ne pouvez, M. T. C. F.,
« dit-il, que recevoir avec empressement
« un ouvrage qui est pour vous d'une si
« grande importance. Le plan en a été
« donné par M. De La Salle, notre véné-
« rable fondateur; nous l'avons composé
« d'après ses principes, ses maximes, et
« ce que nous avons tiré, d'ailleurs, a été

« puisé dans les auteurs les plus esti-
« més.

« Les vertus, ou ce qui est ici la même
« chose, les qualités, les talens d'un bon
« Maître, sont la gravité, le silence, l'hu-
« milité, la prudence, la sagesse, la pa-
« tience, la retenue, la douceur, le zèle,
« la vigilance, la piété et la générosité.

« Notre dessein n'est pas de parler de
« ces vertus d'une manière générale ;
« nous nous contenterons et nous de-
« vons nous contenter d'en faire unique-
« ment l'application à la fin que nous
« proposons ; et c'est sous ce rapport
« que nous les considérerons dans la
« suite.

« Voici l'ordre que nous suivrons :
« nous développerons le vrai caractère

« de chaque vertu, les traits particuliers
« qui lui conviennent, et ceux qui lui
« sont contraires; ainsi ce sont des ta-
« bleaux, et autant de tableaux à tracer,
« qu'il y a de vertus. En les voyant, un
« maître attentif et intelligent apercevra
« sans peine ce qu'il doit faire et ce qu'il
« doit éviter, pour rendre utile l'ensei-
« gnement dont il est chargé.

« Mais avant de commencer, nous ob-
« serverons qu'il serait peut-être facile
« de donner, à ce grand nombre de ver-
« tus, une liaison et un certain enchaîne-
« ment entre elles. Ainsi, on pourrait
« mettre la sagesse dans le premier rang,
« parce qu'elle présente le grand objet,
« l'objet entier qu'un maître doit se pro-
« poser. La prudence dans le second,

« parce qu'elle lui fait connaître la ma-
« nière de le bien remplir. Ensuite vien-
« draient les autres vertus, chacune à
« sa place, et l'ouvrage serait terminé
« par la douceur. Elle est, en effet, le
« complément des vertus d'un bon Maî-
« tre, par l'excellence du prix que lui
« donne la charité, qui est la reine et la
« maîtresse de toutes les vertus; mais
« une pareille chaîne nous a paru être
« une chose de pure curiosité, sans au-
« cune utilité réelle, et nous avons cru
« devoir suivre l'ordre que M. De La
« Salle a lui-même jugé à propos d'indi-
« quer.

Il faut lire les douze chapitres qui forment ce volume, pour avoir une idée de
ce qui, peut-être, a été pensé et écrit de

plus sage, de plus sensé et de plus touchant, depuis le livre presque divin de
l'*Imitation*. Les observations les plus
fines y sont présentées dans un style dont
la précision et la simplicité font encore
ressortir leur mérite; puis le frère Agathon termine par une *Conclusion* dans
laquelle s'adressant de nouveau aux frères, il résume ainsi tout l'ouvrage, au-
trement dit le plan général, suivi avec
tant de succès par M. De La Salle. « Ce
« plan qui, dit-il, renferme les quatre
« principaux moyens dont les plus habi-
« les maîtres se servent pour réussir dans
« l'éducation des enfans, savoir : *de s'en*
« *faire aimer, estimer, respecter et*
« *craindre.* » Le frère Agathon les en-
gage à persévérer, à marcher sur les

pas de leur saint fondateur, et à continuer son ouvrage. Il les félicite de ce
qu'en cherchant à élever la jeunesse, en
se sacrifiant en sa faveur, les frères peuvent s'appliquer avec raison ces paroles
que l'Apôtre adressait à Timothée (1) :
*Par ce moyen vous vous sauverez vous-
mêmes et vous sauverez ceux qui vous
écouteront ;* « ainsi, ajoute le pieux supé-
« rieur, nous avons tous lieu d'attendre,
« si nous sommes fidèles à remplir nos
« obligations, *la couronne que le juste
« juge rendra un jour à ceux qui aiment
« son avènement* (2), couronne qui sera
« infiniment glorieuse pour nous ; car,
« ainsi que vous l'avez remarqué dans

(1) *Tim.* IV, 16.
(2) *Tim.* IV, 8.

« un passage de saint Jean Chrysostôme,
« *celui qui macère son corps par les aus-*
« *térités a moins de mérite que celui*
« *qui gagne des âmes à Dieu...* Estimons-
« nous donc heureux de ce qu'après
« avoir embrassé une des religions les
« plus austères qui se trouvent dans l'É-
« glise de Jésus-Christ, nous ajouterons
« ce que n'ont pas plusieurs d'entre
« elles, l'avantage précieux d'instruire
« les autres, et de travailler au salut
« des âmes. »

Sous l'administration vigilante du frère Agathon, qui était à-la-fois l'homme des affaires et l'homme du cabinet, les divers pensionnats de l'Institut acquièrent un haut degré de prospérité. Il y en avait de deux sortes : celui de Saint-Yon et celui du *Sabot* à Angers, où les frères étaient tenus d'admettre des aliénés appartenant à des familles distinguées, et des jeunes gens de condition qui avaient mérité d'être séparés de la société à cause de leur mauvaise conduite. Moréville, en Lorraine, possédait un établissement semblable. Dans la seconde espèce de pensionnats, qui était en bien plus grand nombre, l'on recevait, sans y être contraint, des jeunes gens appartenant à des parens aisés. On leur enseignait la lecture, l'écriture, le calcul, le dessin linéaire, la géographie et le pilotage. Ces pensionnats étaient, en 1790, ceux de

Marseille, qui comptait 165 élèves.

Saint-Omer, — 80

Montpellier,   —   90
Mirepoix,   —   30
La Martinique, —   100

Le frère Agathon s'occupait surtout à propager et à faire prospérer ces derniers pensionnats ; mais ne croyant pas les premiers en accord avec l'esprit et le régime de la congrégation , il fit tous ses efforts pour que le gouvernement lui en ôtât le soin. Il eut à cette occasion plusieurs entrevues avec les ministres , et même avec le vertueux Louis XVI. Ce monarque portait le plus vif intérêt à l'Institut des frères ; il avait la plus haute idée de leur supérieur. Mais plus il les estimait, plus il était décidé à laisser entre leurs mains les intérêts et la conservation des mœurs d'un grand nombre d'individus appartenant à des familles opulentes et distinguées.

L'Institut était parvenu au plus haut point de prospérité. Il avait cent vingt-et-une maisons occupées par mille sujets formés à la pratique de la religion et à l'enseignement des écoles. Les décrets de l'assemblée constituante frappèrent la congrégation des frères comme les autres ordres religieux. Dans cette circonstance, le supérieur Agathon ne faillit point à ses confrères. Il fit imprimer et adressa aux membres de l'assemblée un Mémoire apologétique, qui fit impression sur les députés modérés, mais qui n'empêcha point la majorité de maintenir son décret. Voyant qu'il fallait renoncer à l'espoir de conserver l'Institut, le frère Agathon, par une circulaire pleine d'onction adressée à tous les frères, leur donna la liberté de se retirer où bon leur semblerait, jusqu'au moment où des circonstances plus favorables lui permettraient de les rappeler à leurs fonctions. En attendant, il leur recommandait de conserver pures, au milieu du monde où ils étaient condamnés à rentrer, les humbles vertus qu'ils avaient acquises au sein de la congrégation. Dociles à ces instructions, les disciples de Saint-Yon refusèrent le serment à la constitution civile du clergé; ils aimèrent mieux renoncer à la modique pension que l'assemblée, par son décret du 19 février 1790, avait accordée aux profès, comme un dédommagement de la perte des biens qu'elle leur enlevait. Ce refus de serment fut le signal de la persécution; et, dans cette occasion, les frères, fidèles à l'esprit de leur saint fondateur, partagèrent les maux du clergé de France. Chassés des maisons qu'ils tenaient encore, ils furent entièrement dispersés au commencement de l'année 1791.

Ce fut alors que le frère Agathon quitta la maison de Melun, et vint à Paris, accompagné du frère Salomon, son secrétaire, se retirer dans une maison de la rue de Notre-Dame-des-Champs, habitée par les frères de Saint-Sulpice, qui y tenaient encore les écoles de cette paroisse. Bientôt la persécution força ceux-ci de l'abandonner; et les deux fugitifs restèrent seuls dans la maison que l'on

croyait désormais inhabitée. Là, durant
environ huit mois, ils menèrent la vie la
plus inquiète et la plus triste, obligés de
prendre mille précautions pour se procurer leur nourriture. Ce fut pendant
une de ces périlleuses sorties que le frère
Salomon, séparé de son supérieur, fut
arrêté au commencement de 1792, et
conduit au couvent des Carmes de la rue
de Vaugirard, où il trouva la mort dans
les massacres des 2 et 3 septembre. Un
autre membre de l'Institut, le frère
Abraham, également détenu aux Carmes, fut plus heureux; il dut son salut à
un garde national qui répondit de lui
aux assassins. Trois autres frères, condamnés à la déportation à la Guiane,
n'allèrent pas plus loin que la rade de

Rochefort, où ils étaient entassés dans un vaisseau avec une foule d'autres ecclésiastiques. Ils succombèrent, dans ces prisons flottantes, aux privations les plus pénibles, durant le rigoureux hiver de 1794.

Quant au vénérable supérieur-général, malgré les dangers qui le menaçaient, il n'avait pas cessé de correspondre avec les frères, dont un grand nombre s'étaient retirés en Italie, dans les trois maisons qui y avaient été autrefois fondées, savoir : deux à Rome et une à Ferrare. Ayant conçu la pensée d'en établir une quatrième à Orviette, ils écrivirent au frère Agathon pour obtenir son agrément. Cette correspondance fut interceptée par les autorités révolutionnaires, et le frère fut arrêté comme coupable de correspondance avec les émigrés. Après avoir été pendant dix-huit mois transféré de Sainte-Pélagie à Bicêtre ; puis, du Palais du Luxembourg à la Conciergerie, d'où l'on ne sortait guère, à cette époque de terreur, que pour aller du tribunal révolutionnaire à l'échafaud, le frère Agathon ne dut sa délivrance qu'à la mort de Robespierre (27 juillet 1794). La convention, en ordonnant sa mise en liberté, lui fit intimer l'ordre de sortir de Paris dans les vingt-quatre heures. Il se retira à Tours, où il mourut le 15 septembre 1797, dans sa soixante-sixième année. À sa dernière heure, il eut la consolation de recevoir les secours de l'église.

LE FRÈRE FRUMENCE,

VICAIRE-GÉNÉRAL.

(Né le . . . . 1747)

Pendant l'incarcération du frère Agathon, les frères d'Italie avaient supplié
le pape Pie VI de leur nommer un vi-
caire-général; le frère *Frumence*, directeur de la maison de Saint-Sauveur à
Rome, désigné par le souverain Pontife,
gouverna les quatre maisons d'Italie avec
l'approbation des frères et même du su-

périeur-général Agathon, qui lui écrivit plusieurs fois de Tours. En 1798, lors de l'entrée des Français à Rome, les deux maisons furent fermées, les frères dispersés, et il ne resta plus alors en Italie que les deux maisons de Ferrare et d'Orviette, qui ne comptaient pas plus de quinze frères.

Après la bataille de Marengo (1800), Bonaparte permit aux frères de rouvrir leurs deux maisons à Rome. Le concordat de 1801 rendit la paix à l'Eglise en France, et y permit le rétablissement de l'Institut. Des écoles se rouvrirent à Lyon, à Toulouse, à Saint-Germain-en-Laye et à Paris au Gros-Caillou. Le 31 octobre 1804, le frère Frumence partit de Rome et vint à Lyon prendre le gouvernement de la société. Les frères s'empressèrent de lui faire leur soumission, et reprirent leur ancien habit religieux ; ils formèrent, en 1805, de nouveaux établissemens à Ajaccio, à Saint-Étienne, à Trevoux, à Besançon, etc. Des noviciats s'établirent à Lyon et dans d'autres villes. Une des causes qui contribua le plus à procurer un grand nombre de novices, fut l'exemption du service militaire en faveur des jeunes gens qui se consacreraient à cette pieuse vocation. Ce bienfait leur fut accordé à la sollicitation du cardinal Fesch, archevêque de Lyon, oncle maternel de Napoléon.

Lors de l'organisation de l'Université, en 1808, l'Institut acquit une plus grande stabilité ; son existence fut légalement reconnue et approuvée par le décret du 17 mars, qui s'énonçait sur son sujet de la manière la plus avantageuse.

« Les frères des écoles chrétiennes, « était-il dit dans l'article 109, seront « brevetés et encouragés par le Grand-« Maître, qui visera leurs statuts in-« térieurs, les admettra au serment, « leur prescrira un habit particulier, et « fera surveiller leurs écoles. Les supé-« rieurs de ces congrégations pourront « être membres de l'Université. »

Ces dispositions prouvent combien Napoléon, qui n'était pas moins grand administrateur que grand capitaine, savait apprécier l'Institut des frères. Il sentait que le plus puissant moyen pour former un peuple soumis aux lois et à l'autorité, consiste à lui donner une éducation morale et chrétienne.

Après avoir, dans les dernières années de son administration, vu si merveilleusement se relever, s'étendre et prospérer l'Institut dont il avait pris le gouvernement, alors qu'il semblait prêt à s'anéantir, le frère Frumence mourut paisiblement à Paris, le 27 janvier 1810, dans la soixante-troisième année de son âge. Il n'avait jamais porté que le titre de *frère vicaire*.

FRÈRE GERBAUD,

SIXIÈME SUPÉRIEUR – GÉNÈRAL.

(Né le 21 décembre 1760.)

———•◦•———

Après la mort du frère Frumence, le 12ᵉ chapitre général de l'Institut, réuni dans la maison du Petit-Collège, à Lyon, le 8 septembre 1810, élut le frère Gerbaud, qui était alors directeur de l'école du Gros-Caillou, à Paris. Nul choix ne pouvait être plus judicieux; car, placé à la tête de la congrégation durant les dernières années du règne de Napoléon et les premières de la restauration, il montra autant de zèle que de capacité dans les circonstances les plus difficiles.

L'Institut possédait alors environ 36 maisons. Le frère Gerbaud inaugura son administration en visitant ces divers établissemens; et plusieurs fois ensuite il eut à traverser la France avec des fatigues et des dangers très grands. Combien dans les trois dernières années de l'Empire ne lui fallut-il pas de peines et de démarches, soit auprès des ministres, soit auprès des préfets, pour sauver du service militaire un grand nombre de jeunes frères qui devaient trouver sous la robe de Saint-Yon l'exemption de cet impôt du sang!

Lors de la première restauration, il fit, dès le 6 avril 1814, retentir le *Domine salvum fac Regem* dans toutes les écoles chrétiennes.

Cependant, sous le régime indécis et vacillant de la restauration, l'Institut des frères et son digne supérieur rencontrèrent des contradictions de la part de l'esprit de parti; certains personnages, alors très influens dans l'Université, se montraient peu favorables à la congrégation. Le frère Gerbaud, fatigué de ces luttes continuelles, convoqua un chapitre général à Lyon, au mois de septembre 1816 (c'était le 13e chapitre général). Là, il donna sa démission qui ne fut point acceptée. Il lui restait encore assez de bien à faire. Son caractère grave et ferme lui

concilia l'estime de tous les hauts personnages avec lesquels sa place le mettait en relation.

Ce fut alors que les ordonnances
royales concernant l'Université, ét no-
tamment celle du 29 février 1816, qui
organisait toutes les parties de l'enseignement primaire, assignèrent aux frères
dans cette organisation la place qu'ils
devaient occuper. De plus la loi sur le re-
crutement de l'armée les admit aux
mêmes conditions que les autres membres
de l'instruction publique, à la dispense
du service militaire (10 mars 1818).

En 1819, le roi Louis XVIII, convaincu qu'il était essentiel qu'une congrégation à-la-fois si chrétienne et si
utile au peuple, eût son centre d'action

dans la capitale du royaume, fit don à l'Institut de la grande maison du saint Enfant-Jésus, dans le faubourg Saint-Martin ; et dès que ce local eut été approprié à sa nouvelle destination, le frère Gerbaud, quittant sa résidence de Lyon, s'établit dans ce nouveau chef-lieu au mois de janvier 1821.

Depuis douze ans, le frère Gerbaud gouvernait l'Institut avec un succès qui attestait que la bénédiction du ciel n'avait pas manqué à ses efforts, lorsqu'il fut subitement frappé d'une attaque d'apoplexie dans la nuit du 12 au 13 juillet 1822. Il n'avait que soixante-deux ans. L'Institut comptait alors plus de cent quatre-vingts maisons composées de douze cents sujets.

FRÈRE GUILLAUME DE JÉSUS

SEPTIEME SUPÉRIEUR-GÉNÉRAL.

(Né le . . . . 1747.)

———

Le quatorzième chapitre général de l'ordre donna pour successeur au frère Gerbaud le frère Guillaume de Jésus, alors âgé de soixante-quinze ans. Malgré son grand âge, il montra dans le gouvernement de l'Institut une activité et une verdeur qui faisaient l'étonnement et l'édification de tout le monde. Protégée par

le gouvernement, encouragée par le vœu
et les libéralités de tous les gens de bien,
la congrégation continua de se propager de plus en plus non-seulement en
France, mais dans les royaumes voisins,
et même en Asie et en Amérique. Nous
avons sous les yeux un document officiel
d'après lequel, au mois de juillet 1825,
l'Institut comptait 210 maisons, savoir :

En France.	192
A l'Ile-Bourbon. . . .	2
A .Cayenne	1
En Italie	5
En Corse	5
En Savoie.	1
En Belgique.	4

Ces 210 maisons contenaient près
de 1400 frères, sur lesquels 250 faisaient

leur noviciat dans 10 maisons; plus de 800 étaient occupés à instruire environ 64,000 enfans, et les autres employés au gouvernement temporel desdites maisons.

Le frère Guillaume de Jésus, qu'une longue expérience des affaires et des hommes avait mis en état d'apprécier la position délicate de la congrégation de M. De La Salle en présence d'écoles rivales, où régnait avec éclat l'enseignement mutuel, sentit la nécessité de perfectionner les vieilles et sincères méthodes de l'enseignement simultané, sans abandonner toutefois les traditions émanées du saint fondateur Aussi mit-il tous ses soins à revoir et corriger la *Conduite des Écoles chrétiennes*, ou-

vrage précieux de l'abbé De La Salle,
qui, tant que l'Institut existera, sera
toujours pour les frères une règle sûre,
un guide infaillible. Ce fut le 9 avril 1828
que le vénérable supérieur adressa aux
frères des écoles chrétiennes une exhortation dans laquelle il leur offrait ce
précieux travail qui n'était, disait-il,
que le résultat du grand nombre d'observations qui avaient été faites au dernier chapitre général, touchant la nécessité de corriger la *Conduite*. Trois
frères connus par leur expérience et leur
capacité, avaient concouru à cette révi-
sion, et il était persuadé que chacun verrait avec plaisir « la *Conduite* débarrassée
« de toutes les répétitions et contradic-
« tions qui s'y étaient glissées peu-à-peu.

« Le profond respect dont nous som-
« mes pénétrés envers notre saint fon-
« dateur, ajoutait le très honoré frère
« G. de Jésus, nous a portés à conser-
« ver le fond de l'ouvrage dans tous
« les points où il nous a été possible
« de découvrir son esprit; et si nous
« avons permis quelques changemens
« soit dans les expressions, soit dans
« la construction des phrases, nous
« avons la douce satisfaction de pouvoir
« nous persuader de n'avoir dérogé en
« rien à ses premières intentions.....
« Ainsi, M. T. C. F., nous osons espérer
« que vous voudrez bien éloigner de
« vous tout esprit de critique et de cen-
« sure, sous prétexte même de zèle, et
« que vous recevrez cette *Conduite*

« comme l'expression de la volonté de
« Dieu et de celle de vos Supérieurs;
« que vous la regarderez, d'après la
« *Règle commune*, comme une règle
« obligatoire et que vous vous y con-
« formerez, afin que toutes vos actions
« soient méritoires, étant toutes diri-
« gées par l'obéissance, etc. »

Admirons ici la constance de l'esprit
qui anime l'Institut des frères des écoles
chrétiennes! En 1828, nous voyons son
septième supérieur rappeler, dans son
langage et pour la forme et pour le fond,
la diction du pieux fondateur De La
Salle. Même simplicité, même précision
de style, même exactitude dans la pensée. C'est la perfection dans le vrai,
mais perfection sans apprêt, sans effort,

et à laquelle arrive tout naturéllement un esprit nourri de la doctrine chrétienne. (1)

(1) *La Conduite des Écoles Chrétiennes* est divisée en rois parties : Dans la première, on traite de tous les exercices de l'Ecole et de la manière de les faire. La seconde expose les moyens dont les Maîtres doivent se servir pour établir et maintenir l'ordre dans les classes. La troisième contient les devoirs de l'Inspecteur des Écoles et du Formateur des nouveaux Maîtres.

LE FRÈRE ANACLET,

HUITIÈME SUPÉRIEUR-GÉNÉRAL.

(Né le . . . .)

Le frère Guillaume de Jésus ne gouverna que huit ans l'Institut. Il décéda en 1830. Son successeur, le frère Louis Constantin qui prit le nom de FRÈRE ANACLET, élu par le 15e chapitre général, gouverna l'Institut avec un succès inespéré, alors que les évènemens de juillet semblaient lui présager encore de mau-

-vais jours. Mais tel a été l'effet de cette révolution qui a renversé l'ordre ancien de succession dans la maison de Bourbon, que la religion, le clergé et les congrégations religieuses, privées en apparence de la protection fervente de l'autorité, n'ont pas néanmoins cessé de fleurir et de prospérer : car ce qui est l'ouvrage de Dieu n'a guère besoin de l'appui des hommes. Quant à l'Institut des frères, il est plus que jamais florissant : ses méthodes, perfectionnées par l'utile concurrence d'un autre mode d'enseignement, donne chaque jour les résultats les plus satisfaisans et propagent à-la-fois l'instruction populaire et d'heureuses semences de religion. On peut juger du perfectionnement de ces méthodes par les nombreux livres à l'usage des écoles chrétiennes, auxquelles ont spécialement coopéré le frère Anaclet et le frère Philippe. Lorsqu'en 1838 le premier cessa de vivre, le second devait être élu pour son successeur par le 16e chapitre général. Religion, lecture, grammaire française, arithmétique, géométrie pratique, histoire, géographie, ces utiles ouvrages embrassent toutes les connaissances, qui, pour les classes populaires, constituent un enseignement chrétien et national : aussi bien telle que l'avait conçue l'abbé De La Salle, et telle qu'elle a toujours opéré, la congrégation des frères, où l'obéissance à la règle et aux supérieurs s'allie à la plus parfaite égalité, à la plus sincère liberté d'élection, n'est-elle pas elle-même une institution tout à-la-fois chrétienne et nationale?

Fidèle à l'esprit de l'Institut et aux traditions du saint abbé De La Salle, le frère Anaclet avait refusé par humilité la croix d'honneur que lui offrit, en 1833, M. Guizot alors ministre de l'instruction publique, et dont l'administration fut marquée par une large et libérale organisation de l'instruction primaire.

Au moment où le frère PHILIPPE a pris les rênes de l'administration, l'Institut comptait en France 241 établissemens,

1039 frères,

7 noviciats,

172 novices,

et 92,989 élèves.

Ces résultats prouvent combien en

France le peuple sait rendre justice à l'Institut des frères des écoles chrétiennes : ce sont là des faits, ce sont des chiffres qui parlent plus haut que tous les éloges. D'ailleurs les humbles disciples de l'abbé De La Salle ont-ils besoin d'éloges, eux qui ne cherchent en ce monde d'autre récompense au bien qu'ils font que dans le témoignage d'une bonne conscience? Ainsi que l'a dit un appréciateur aussi sage qu'impartial (1), le frère des écoles chrétiennes est « dans la classe « où il enseigne, et hors la classe, quand « il s'y prépare, renfermé tout entier « dans les devoirs auxquels il s'est

____

(1) **M. P.** Lorain, proviseur du collège royal de Saint-Louis, membre du comité central d'instruction primaire du département de la Seine, *Tableau de l'instruction primaire en France* (Paris, 1837, in-8).

« donné. Car telle est la vie du *frère*

« *ignorantin :* les dissipations du mon-

« de, les plaisirs de famille, le soin de

« son avenir, le vain désir de renom-

« mée ne lui font nul souci. Le maître

« auquel il obéit l'envoie, il arrive; des

« lettres d'obédience le rappellent, il est

« prêt. En tout, il accomplit son œuvre

« avec le même zèle que s'il avait à faire

« sa réputation ou sa fortune, et cepen-

« dant les revenus de l'école ne passent

« même pas par ses mains; et les plus

« brillans succès peuvent-ils toucher un

« homme qui a renoncé même à son

« nom? Certes, frère Euthyme, ni frère

« Amphiloque, ne visent pas à la gloire,

« et jamais vœux plus humbles ne fu-

« rent plus religieusement accomplis.

« Et le novice qui veille aux soins do-
« mestiques près de ses deux compa-
« gnons, là-bas, à l'extrémité de la
« France, devers les Alpes ou les Py-
« rénées, et le supérieur qui tient ici
« dans sa main tous les fils de la com-
« munauté, qui commande une milice
« organisée par toute la France, tous
« portent un manteau de même laine,
« un chapeau du même feutre et se sa-
« luent *mon frère*. »

APPENDICE.

Pour ajouter à ce tableau sommaire de
l'instruction primaire telle qu'elle est
donnée par les frères, je ne puis mieux

faire que de reproduire les documens suivans qui sont tirés du *Rapport présenté au roi* le 1ᵉʳ novembre 1841, par M. Villemain, ministre de l'instruction publique :

« Les frères sont placés dans les communes soit comme instituteurs privés, soit comme instituteurs publics : dans l'une ou l'autre de ces positions, ils sont soumis au droit commun. Pendant beaucoup d'années, et jusqu'à l'ordonnance du 18 avril 1831, les frères obtenaient l'autorisation de se livrer à l'enseignement sur le vu de la lettre d'obédience à eux délivrée par leurs supérieurs. Ils sont obligés aujourd'hui de soutenir comme tous les autres aspirans, des examens publics devant les commissions établies au chef-lieu de chaque département. S'ils veulent diriger une école privée, ils doivent, comme tous les autres instituteurs, faire leur déclaration au maire, en lui présentant un certificat de moralité et leur brevet de capacité. Pour exercer en qualité d'instituteurs publics, il faut qu'ils soient, comme tous les autres instituteurs communaux, présentés par le conseil municipal, nommés par le comité d'arrondissement et institués par le Ministre.

L'abandon du privilège dont ces associations jouissaient avant 1830 leur a été généralement utile. Elles ont jugé qu'elles avaient de grands efforts à faire pour soutenir avec succès la concurrence des autres écoles. Beaucoup de leurs membres se sont mis en état de suivre de bonnes méthodes d'enseignement, en même temps qu'ils inspiraient la confiance par la pureté de leur conduite et par leur piété. Là où ils s'établirent comme instituteurs publics ou privés, leurs écoles furent généralement très fréquentées.

Pour se recruter, ils ont formé des maisons de noviciat, où les élèves sont particulièrement exercés aux fonctions de l'enseignement. Ces maisons sont soumises, comme les écoles, à la surveillance de l'administration; et aucune difficulté ne s'est jamais élevée à cet égard. On peut donc dire que les membres des associations religieuses vouées à l'instruction primaire ne sont dispensés d'aucune des obligations imposées aux instituteurs laïques, et qu'ils ne se distinguent de ces derniers que par les obligations volontaires auxquelles ils se soumettent envers leur association, et qui ont toutes pour objet des règles de conduite et de discipline intérieure. Le gouvernement s'est fait jusqu'ici un devoir de soutenir les efforts de ces instituteurs si humbles et si dévoués, qui se renferment dans les limites de leur modeste et utile mission, et se montrent généralement étrangers aux passions politiques qui peuvent s'agiter autour d'eux.

FIN.

IMPRIMÉ CHEZ PAUL RENOUARD
rue Garancière, n. 5.